文春学藝ライブラリー

六〇年安保

センチメンタル・ジャーニー

西部 邁

學

目次

単行本　昭和六十一年十月三十日　文藝春秋刊

六〇年安保　センチメンタル・ジャーニー

序章　空虚な祭典

二五年前のちょうど今頃、ブントという政治組織が、その短命の生涯における、最初にして最後の昂揚をむかえようとしていた。ブントというのは〝同盟〟ということを意味する独逸語で、共産主義者同盟の略称である。一九六〇年の四月から六月にかけ、いわゆる六〇年安保闘争が大きく激しく渦巻くなかで、ブントは過激派の青年たちを率いて警官隊との衝突をくりかえしていたのである。全学連主流派のひきおこした一連の騒擾がそれである。

ブントの重立った連中が次々と逮捕され、そして起訴されていった。さらに敵対党派である共産党との抗争が熾烈の度を加え、それにつれてブントの心身は、みかけの昂揚によって隠されてはいたものの、疲弊の一途をたどっていた。その幼い組織は、あまりにも早い死を予感すればこそ、限られた生の活力を一気に消尽しようとしているようにみえた。実際に、ブントはその年の七月に崩壊過程に入り、翌年の三月にはほとんど跡形なしに消失したのである。細かくいえば、ブントの命脈はあちこちにわずかずつ残り、それらが合わさって、六〇年代末期の全共闘運動において再度の昂揚をみせたものらしい。

しかしブントの歴史的存在感は、もしあるとすれば、六〇年安保闘争の過程にしか宿らない。六〇年前後は新左翼の誕生期であった。旧左翼の官僚的体質を脱しようとする試みが、そしてその試みを支持する雰囲気が、いささかならず醸成されていた。そして新左翼の内部における残酷な抗争はまだほんの萌芽の段階にあった。こうした状況のなかではじめて、ブントは新左翼というものの精神の原型を鮮明に示すことができたのである。

いや率直にいおう。ブントにかんする政治的評価などは私の本当の関心事ではないのだ。私は自分のかかわったかぎりでのブントについて語ろうとしているのであり、またそれしか語れないのである。私はブントの一員として六〇年安保闘争に参加した。全学連主流派の指導者の端くれとして、学生たちに働きかけた。それが私の唯一の政治体験である。その体験で得たものについて、語りたいというよりも、語らざるをえないといった気分においこまれているわけである。

その体験は、掛値なしにいって、人前で語るに足るものとは思われず、それゆえ私は、六〇年安保闘争について四半世紀のあいだ沈黙するばかりであった。のみならず、その体験は闘争の直後からすみやかに忘却の底へ沈んでいったのであり、したがって「安保闘争は私にとって何であったか」といった類のよくある設問は私とは無縁であった。そんな人間がブントについて語ろうとするにいたったについては、ふたつの事情が作用しているようである。

ひとつは、唐牛健太郎の死である。六〇年当時の全学連委員長であった唐牛は、昨年つまり一九八四年の春、直腸癌で亡くなった。親友であった唐牛の死を悼む間もあらばこそといった調子で、私はたくさんの旧識の同志たちと言葉および酒を交した。そこで知ったのは、当り前のことながら、様々な型の人生があるものだということである。彼らの多くは、異口同音に、唐牛健太郎の苛烈な人生について執筆するよう私に慫慂した。その誘いには、唐牛健太郎を私に語らせることによって彼ら自身の過去へのノスタルジアを満たしたいという気持もあったのかもしれない。そうだとしても、それに目角を立てる気は私にはない。追憶にもそれなりの価値があるのだということを知りうる年頃になっているのである。

そんなことよりも、唐牛のものをふくめて、私の味わったことのないような厳しく変化に富んだいくつかの人生の型が、私のまわりを回燈籠のようにめぐる、それが刺激的であった。人生のない知識や経験のない文章がいわゆる「知」のショーウィンドーに並ぶという光景に充分にうんざりしていた私には、彼らの人生の表情が一〇〇冊の書物にもまして価値あるもののように思われた。いってみれば、ブント的表情のオムニバスを描くほかないと心を決めたわけである。

ふたつに、自分のうちに次第に頭をもたげる保守的心性のことである。近年私は、極端をきらい、中庸とか節度をほしくなっている。だが、二五年前に過激派であった自分といま真正の保守派になろうと決意している自分はどこでどう折合いがつくのかという問題は当人にとってぬきさしならぬ事柄である。私は転向者の後暗さというものがとりわけ我慢できない。その後暗さは過去を消し去ろうとする隠微な営みからうまれる。そうならば自分および自分たちの過去を分析の俎上に乗せなければならない。

もっというと、この問題の解答はおおよそ見当がつく性格のものである。つまり、保守もまた一種の過激な心性がなければつらぬきえない立場なのである。保守のかかえる逆説とは、熱狂を避けることにおいて、いいかえれば中庸・節度を守ることにおいて、熱狂的でなければならないということである。したがって昔も今も、少くとも姿勢としては、私は過激であるに違いなく、とりあえずは、その一点に自分のインテグリティが吊されているのだと思われる。一貫性なしに生きられるほど私は強靭ではない。それゆえ、大仰にも聞こえようが、ブントを忘却のなかから是非とも救い出さなければならぬと心を定めた次第である。

熱狂は大なる確率で非行につながる。多数者のとは目立った形で異なる素行、それが非行なのだとすると、否応もなく非行者を模索するのが私の交際法である。私自身はできるだけ目立つまいと努めるのだが、非行者との縁が私をひきつけて已まないのである。実のところ、私の体験した政治とはそうした種類の縁のことなのであった。その意味での政治ならば、物心ついてからずっと私は政治とのつながりを絶ったことがない。畢竟してみるに、ブント体験が私にもたらしてくれた最大のものは、非行者との縁を絶つことの不可能を教えてくれた点にある。私がこれから描いてみたいのは、ブントにおいて私が直接にふれあった非行者の群像なのである。

むろんのことだが、ブントのなした非行は、幸か不幸か、左翼運動の歴史においてすらさほど目立ったものではない。それが時代の制約なのであり、ブントが過激派であったのはその制約の限界にまで接近したからにすぎない。その接近ぶりを美化しようという気は毫もない。ざっくりいって、六〇年安保闘争は馬鹿騒ぎの一種であったといわれても、私は反論しない。ただ私は、その馬鹿騒ぎの張本人たちがいわばプリズムとなって時代精神の種々相を映し出している、という仮説について考えてみたいのである。そして彼ら非行者たちが、その馬鹿騒ぎに真剣にとりくむことをつうじて、馬鹿にできない真実を体得した、という仮説についても考えてみたいのである。

ただし、その仮説を検証しようとするとき、彼らが私の知己であってみれば、主観的要素の混入は避けられないだろう。いっそのこと、その作業にセンチメンタル・ジャーニーと銘打ってしまえば、かえって主観をくぐりぬける手立がみつかるのかもしれない。

安保闘争

六〇年安保闘争は様々な意味で戦後体制の終焉であったのだが、闘争の争点となっていた日米安全保障条約の改定そのものもまた国際政治における戦後体制の決算を狙いとするものであった。皮肉なことに、進歩的であることを自認していた改定反対派の方が、全学連主流派およびその同調者を別として、戦後体制の枠内になかば無自覚のうちにとどまろうとし、逆に、反動的と指弾されていた改定推進派の方が戦後体制の枠組に重大な修正をほどこそうとしていた、ということができる。なぜといって新条約の基本的性格は、旧条約を不平等条約とみなして、日米の関係をより双務的にし、また日本の自主性をより高めようとするところにあったのだからである。つまり、その是非はひとまず脇におくとしても、新条約が日本の国際的地位に〝進歩〟をもたらすものであったことは疑いようがないのである。

一九五一年、サンフランシスコにおいて対日講和条約が結ばれた。それがアメリカをはじめとする自由主義諸国との講和にかぎられていたためにいくぶんか批難の意味をこめて、単独講和、片面講和あるいは部分講和とよばれていたことは周知のところである。実際にも、それと同時に調印された日米安全保障条約（旧条約）は、アメリカの対日防衛義務を明記しないままに、日本がアメリカに軍事基地を提供するといったような内容を含むものであるから、アメリカの主導による単独講和という性質を濃厚に帯びるものであった。

この旧条約にたいしては日本の保守陣営も革新陣営もともに多大の不満を抱いたのである。しかし、不満の内容は両陣営においてかなりに異なっていた。保守陣営はその不平等性を衝き、事実、一九五五年の重光外相による対米交渉や一九五七年の藤山＝マッカーサー交換公文などを積み重ねながら、日本の自主性を回復しようとしたのであった。これにたいし革新陣営は、旧条約における自主性の欠如に不満をもったというよりも、アメリカの対ソ戦略に日本が組込まれることによる平和の喪失を懸念したのである。そしてその心配の背景には、ソ連を平和勢力とみなし、アメリカを戦争勢力とみなすという親社会主義的な観念の構図が、革新諸党派において強弱の差はありながらも、聳えていた。

それゆえ、アメリカからつよく要請されていた日本の軍備強化について否定的あるいは消極的である点では、保守陣営（の主力）と革新陣営とは共通していたのであるが、その判断の根拠には小さくない差があった。つまり、保守陣営は日本の経済発展、米ソ間の軍事的緊張あるいは国内の反政府勢力の力量などを現実主義的に考慮して軍備強化に消極的であったのにたいし、革新陣営は日本の中立化という理想主義的な目標のもとに軍備そのものの廃止を唱えたのである。

一九六〇年一月一九日、一年三カ月におよぶ外交交渉の結果として、ワシントンで新日米安全保障条約が調印された。その批准をめぐり、主に安保特別委員会の場で、政府・与党と野党のあいだに激しい論戦が闘わされた。また、調印の一年ほど前に組織されていた総評・社会党を中心とする安保阻止国民会議もようやくにして活動を活発にしはじめた。国民会議はそれまで一一回におよぶ統一行動をくりかえしはしたものの、争点は曖昧なままであり、「安保は重い」というのがそれらの統一行動をつつむ雰囲気だったのである。それが新条約の公表とともに具体的な争点を得たわけである。

いや、六月二三日の批准にいたる五カ月のあいだ、新条約の争点は最後まで模糊としていたというのが正確である。それにもかかわらず安保反対の運動が稀な広さと高まりをみせたところに一九六〇年前半の光景の奇妙さがあり、それはとりもなおさず、戦後思潮の奇妙さの集約的な表れなのであった。新条約をめぐり、たしかに、激論があった。その代表的なものは「事前協議」の問題であろう。在日米軍の対外行動にかんする日米間の事前協議がはたしてどこまで実質的なものか、たとえばそれは日本の同意を必要とするのかどうか、といったような議論が国会で、マスコミで、あるいは集会で展開されたのである。

事前協議の問題は日本がアメリカの戦争行動に巻き込まれる可能性にかかわるのであるから、いうまでもなく重大ではある。しかし、事前協議条項をもたない旧条約とくらべれば、それは日本の獲得した進歩のひとつには違いなかろう。ところが、革新陣営はこの進歩にたいして奇妙な論理で反対したのである。つまり、旧条約は日本に押しつけられたものであるからソ連は日本に同情をもって対してくれるであろうが、新条約が日本の自発的意志にもとづくものである以上、ソ連の同情は期待できないという理屈である。この理屈に一理がないわけではないものの、そこにはしなくも露呈されているのは、戦後体制から自主的に脱却しようとする意志およびプログラムが革新陣営において稀薄だったということである。もっといえば、戦後体制の理念であった「平和と民主主義」そのものがアメリカによって与えられたものであり、その理念によってアメリカに対抗しようとするところに、革新陣営における観念の脆弱さが胚胎していたということである。

総じていえば、六〇年安保闘争は安保反対の闘争などではなかった。闘争参加者のほとんどが、指導者層の少からぬ部分をふくめて、新条約が国際政治および国際軍事に具体的にもたらすものについて無知であり、さらには無関心ですらあった。その闘争は、そこで戦後思潮のかかえてきた矛盾が赤裸に開示される一種の観念劇である。そうした観念劇がなぜ六〇年に、なぜ安保をめぐって、演じられなければならなかったか。それはひとつに、「もはや戦後ではない」というすでに経済の領域で確認されていた事態を政治の領域で追認すべき時期にきていたからであり、ふたつに、新条約の内容ではなく形式的な特徴が、つまり最強国との軍事条約であるという性格それ自体が戦後思潮にとっての脅威になったからである。

六〇年安保闘争を戦後的観念の葛藤劇とみるとき、全学連主流派とそれを率いたブントの姿が前面に浮上してくる。そこに集まった人間たちは、とくに私がいうところの非行者たちは、良くも悪くも、戦後思潮のはらむ内的葛藤を体現していたのであり、したがって彼らの示した過激性とはそうした葛藤の密度に由来するものなのである。

だが密度のまえに規模のことが論じられなければならない。六〇年安保闘争がなにゆえ未曾有の規模にまで拡大したのかが問われなければならず、また、その拡大が戦後思潮の拡散のことにほかならないということが説明されなければならない。そうでなければ、六〇年安保闘争のあとになぜ高度成長がやってきたのかが明らかにならない。

安保闘争の規模を大きくしたのは、まず、「平和」という言葉がひとつのマジック・ワードつまり魔語であったという事情である。その言葉が発せられるや、戦争とか軍事について具体的かつ現実的に語ることはただちに禁忌になった。戦争や軍事にかんする言葉は、「平和の敵」を抽象的かつ理念的に攻撃するという文脈においてのみ、使用可能なのであった。「平和」の魔語によって眼が曇らされ、世界の政治・軍事の現実を冷静に観察することができなくなったのである。少くとも安保阻止国民会議の平均的な水準でいうかぎり、平和の敵とはアメリカ帝国主義とその傀儡とみなされた日本の支配層のことである。国民会議に充満する「平和」という魔語は、新条約がアメリカとの軍事条約であるというそのこと自体にたいして、敏感に反応したわけである。

この反応は「ヒューマニズム」というもうひとつの魔語によっていっそう促進された。戦後のヒューマニズムは虚偽や暴力やといったものの責任を、人間性の内部にではなく、外部の制度に見出そうとしていた。本来的に善なるものとしての人間性を抑圧するのが制度であるという見方がひろく普及していた。その結果人々は、自分らの善性を証すためにたえず反体制の構えでいなければならないという強迫観念にせきたてられることになる。

「ヒューマニズム」が花開く状態、それが「平和」だと理解されていたという意味で、ふたつの魔語は手をつないでいたのであり、それらの魔語がキー・ワードとなって反体制の言葉が編まれていたのである。安保闘争が宏大な裾野をもつ高まりとなったについては、本音からであれ建前としてであれ、戦後思潮がこれらの魔語の虜囚となっていたという事実を見逃すわけにはいかない。

しかし、より仔細にみると、安保闘争が全国民的な規模にまで達したのはほんの短期間にすぎないということがわかる。新条約は、「平和」と「ヒューマニズム」によって批判し尽されるには、あまりに進歩的だったということである。向上した国力に適合した防衛条約を結ぼうとするのはあきらかに未来志向の進歩への企てである。革新陣営もしくは進歩陣営は新条約のなかに反動への企てがあることを発こうとしたが、それは無理というものである。新条約のなかに、戦前・戦中の軍国主義への復帰という物語を読みとるのはいかにも空想的にすぎた。安保闘争の深部に「平和」と「ヒューマニズム」という魔語が横たわっていたことは否めないが、もうひとつ別の魔語が手をさしのべなければ、それらが表層へ出てくることは叶わなかったのである。

安保闘争の規模拡大にたいして決定的に作用したのは「民主主義」という魔語である。五月一九日、安保特別委員会で強行採決がおこなわれ、衆院本会議で質疑・討論の過程を省いたまま、新条約の承認が強行された。しかも、屈強の院外団を導入してそうした強引な議事運営がなされたのである。このとき安保闘争の争点は民主主義の問題にはっきりと移行した。

それから一カ月、安保反対の闘争ではなく、民主主義擁護の闘争が燎原の火のようにひろがったのである。戦犯追放の経歴をもつ岸信介首相に軍国主義の烙印を押すことは不充分にしかできなかったが、反民主主義のそれを焼きつけることには成功したわけである。いわゆる五・一九事件は「民主主義の危機」として喧伝され、とくに戦前の専制政治を経験した年配者たちは、その危機を過去志向の反動とみなし、国民の抵抗権をもって起ち上るべしと考えたのである。

民主主義によってもたらされる未来志向の変化に改善のみを期待するのを進歩主義とよぶなら、「民主主義」と「進歩主義」は互いに連携するふたつの魔語である。安保闘争はこれらの魔語によって鼓舞されて一挙に高みへと昇りつめたのであって、その過程で、安保問題そのものが振り落されてしまった。むしろ、それを振り落すことによって、民主対独裁あるいは進歩対反動という戦後の思想軸が十全に回転したのだというべきかもしれない。ともかくそれは、安保問題を抜きにした安保闘争という前代未聞の闘いではあった。

しかし、新条約が「平和」、「ヒューマニズム」、「民主主義」そして「進歩主義」にたいしていかなる障害となるかが不分明であった以上、そうした一見したところ訳のわからぬ事態が出来するのも自然な成行といえる。安保闘争とは、戦後思潮がみずからの貫徹をめざしたはてにたどりついてしまった自己解体のことであり、その瞬間において、幾百万の参加者が厖大なエネルギーを解発したということにすぎない。

だが、なにゆえに、新条約がこのエネルギー解発の契機に、つまりレリーサーに、なりえたのであろうか。それは、おそらく、戦後思潮のうちにはらまれる対米複合感情とふかい関係をもっている。アメリカ軍は占領軍であるとともに解放軍であると認定された。それだけでも十分に矛盾した受けとめ方であるが、親ソ的あるいは社会主義的な思潮の要素がそのコムプレックスとそのコントラディクションとをいっそう激しいものにしていた。一方で、「平和」、「ヒューマニズム」、「民主主義」そして「進歩主義」の魔語はアメリカ製のものであると認定されながら、他方では、アメリカこそがそれらの魔語によって詛われるべき対象だとも認定されていたのである。

これは文字通りのアムビヴァレンスである。つまり愛憎並存感情である。この感情が様々な魔語にむかって逆射しないはずがない。「平和」であれ、そのほかなんであれ、戦後思潮を支配してきた魔語は、みかけのうえではつよい信頼を寄せられてはいたのだが、裏ではいいしれぬ不信を抱かれていた。この不信をおさえこむには、より声高にそれらの魔語を叫んでみせなければならない。この心的葛藤がクライマックスに達したことの現れ、それが安保抜きの安保闘争ということである。

この意味で、いわゆる「ハガチー闘争」が岸内閣打倒の闘争と並行したのはよく理解できるところである。六月一〇日、アイゼンハウアー大統領の新聞係秘書であるハガチー氏が羽田空港に降り立ったとき、「反米愛国」の共産党と「民主主義擁護」の国民会議が一行をとりかこみ威嚇した。それがどのていど排外主義的であるのか、また国際儀礼への違反をどう評価するか、そのようなことに私の関心はない。ただ、安保闘争の背後にアメリカにたいする複合感情がうごめいていたということを考慮に入れるとき、安保闘争という題名の観念劇にアメリカ人の役者が登場してきて自然と思うのである。ハガチー闘争の結果としてアイク訪日は中止されたのだが、それはいわば日本が免罪符を手に入れたようなものである。つまり、いっとき反米感情を爆発させてみたあとで、日本は、高度成長という形で、アメリカ型文化の盛大な祭典を享受しえたのである。

高度成長にはじまった殷盛なビジネス・カルチャーは、対米複合感情のみならず、「平和」、「ヒューマニズム」、「民主主義」そして「進歩主義」といった魔語をも次々と消毒していった。それらの魔語は蠱惑的な力を失って、単なる日常語と化した。貨幣や投票という溶液によって薄められたおかげで、戦後理念は人々の日常生活のなかに吸収されていった。理念にたいする信頼と不信のあいだの激しい葛藤劇はもはやみられない。理念にたいする軽信と虚無とを適宜にないまぜにするという、より巧妙なやり方がそれにとって代った。安保闘争は戦後の終焉を印すものではあったのだが、そこには古い魔語の死と新しい魔語の誕生といったような不連続はみられないのである。

魔語がその魔力を失うという事態に虚しい抵抗を試みたのが安保闘争であり、そのかぎりでいえば、戦後にとどまろうとする反動の営みであった。それらの魔語は貧しさのなかでのみ魔力を振うことができる種類のものである。ビジネス・カルチャーも、よりいっそうの豊かさをめざさなければならないという意味では、貧しさと無関係ではなく、それゆえ、魔語たちもビジネス・カルチャーのなかで生き永らえてはいる。しかし昔日の魔力はもう期待すべくもないのである。安保闘争はこれら魔語たちの、墓場というよりもむしろ、処女喪失のための成人式なのであった。

ブント

六〇年安保闘争は、戦後思潮の終焉を刻む儀式になるとも知らずに、出来事の推移が企画されているという意味での、キャンペインにおおよそ終始した。国民会議に関与する諸党派・諸組織のつくった企画は総じて静穏を旨としており、祭りの賑やかさをかもしだすのがせいぜいであった。六〇年の奇妙さはそのような牧歌的な雰囲気のなかで歴史の大きな歯車が回ったというところにある。

共産党はその暴力の鋒先を、少くとも対権力闘争にかんするかぎり、五年もまえに収めていた。新左翼は共産党からの離脱をようやく開始したばかりの段階で、暴力をまだ手にしてはいなかった。原初形態の暴力は随処に噴出する気配ではあったが、「平和と民主主義」そしてそれを補強する「ヒューマニズムと進歩主義」のイデオロギーが暴力の組織化に歯止をかけていたのである。

しかし、ブントおよびその影響下にあった全学連主流派の先鋭な部分は暴力への志向を、おおむね観念の領域にとどまりながらも、執拗に追求していたのである。彼らは旧左翼からトロツキストとよばれていた。その呼称には挑発者、陰謀家、裏切者といったような含意がたっぷり込められてはいるのだが、五〇年代の半ばからようやく人目につくようになったトロツキーの言説に彼らが依拠したのが事実である以上、それは間違った呼称ではない。

ブントが独得なのはトロツキー教条主義とはまったく一線を画していたという点である。ブントはトロツキーを好いたが、信じはしなかった。旧左翼のスターリニズムを払拭するためにトロツキズムを利用したのだといっても過言ではない。ではレーニンを信じたのであるか。レーニンによる組織化の戦略・戦術は、ブントが行動を決意するときにはおおいに参照されたが、その行手に組織の官僚化がまちかまえていることも明確に気づかれていた。初期マルクスにみられたヒューマニズムについてはどうか。スターリニズムのもたらす抑圧を批判するときには、それが美しい人間性の物語を奏でてくれると知っていたが、同時に、反権力の闘争が抑圧なしにすむと考えるほどブントは愚かではなかった。

いったいブントはなにを信じていたのか。ほとんどなにものをも信じていないという点で、ブントほど愚かしくも傲慢な組織は他に例がない。彼らにも理論や思想のかけらはあったし、それらを体系化しようという努力もなくはなかったのだが、要するに信じるに価するものを獲得していなかったのである。

たとえば、新安保条約についていうと、それが日本の力が向上したことの印なのだとブントはわかっており、それならば、新条約を阻止することによって強化されようとしている日本帝国主義に、痛打を与えよというのがブントの構えであった。明晰な理解であり明瞭な姿勢ではある。しかし、帝国主義とやらの現段階、それに代るべき体制、そこで生きる人間の生活など、要するにあらゆる根本問題についてブントは蒙昧であった。マルクス主義の文献から自分の情念に都合のよいところを抜き出してきて継ぎ合わせるのがブント流なのであった。

彼らがかろうじて信じることができたのは、戦後思潮のなかに、つまり先にのべた様々の魔語によって操られる言語空間のなかに虚偽や欺瞞が充満しているという感覚であった。その感覚にはたしかな経験の裏づけがあったのである。なぜといって、ブントはその言語空間のなかで育った人間たちを主要な構成員としていたのだからである。ということは、自己のうちにも虚偽や欺瞞がふんだんにあると察知するということである。

様々の魔語は戦前世代にとってはようやくにしてありついた恩恵だったのであろうが、戦後世代にとっては懐疑すべき、さらには打破すべき空語と映った。戦後思潮の虚妄を発くという否定性においてブントの情念は燃え上ったわけだが、その否定性がいずれ自分自身にたいしても向けられざるをえないであろうという予感がブントをとらえていた。

ブントにおける暴力への傾きは、あきらかに、戦後思潮にたいする、そしてそこで育ってきた自分自身にたいする、この否定性の気分に根ざしていたのである。暴力じみた過激な行動によって明るみに晒されたのは、反体制を標榜しながら体制に寄生しつつあった戦後思潮のカラクリであった。

もし安保闘争の密度のことをいうのなら、ブントおよび全学連主流派の過激な行動がそれを与えたというべきである。過激派は、徒手空拳の未熟な暴力によって、体制および体制内反体制に衝突した。それによってつくりだされた不協和音は戦後思潮に巣喰う亀裂を端的に表象していたのである。彼らは「安保闘争の不幸な主役」とよばれたが、それは安保闘争を盛り上げた挙句に解体をとげたからではない。それは、安保闘争をささえた思潮のカラクリを、暴力という別種のカラクリによって解体させようとしたものたちの逃れがたい不幸である。こうした負の密度しか見出しがたいからこそ、それは致し方なく一種の馬鹿騒ぎなのである。

ブントはこの馬鹿騒ぎの主役となるにあたって、「革命」という魔語に頼ろうとした。ブントにあって「革命」とは、純粋性とか徹底性とかを表す理念語であった。したがって、「革命」という言葉は異常ともいえるほどに真摯に発語されたのだが、ほとんど誰ひとりとして、その言葉が現実のものとなった状態を想起できなかったし、しようともしなかった。想起できない以上、それはユートピアですらなかったのである。

ブントの過激さとは、二年近くの短い期間であったとはいえ、革命を幻想と知りつつ幻想してみた軽率さのことであり、そして軽率を一種の美徳とみなした腰の軽さのことである。つまりブントとは一個の滑稽にほかならない。しかし、本質的に浪漫的なるものとしての人間存在にとって、滑稽を免れることなどできる相談ではない。「革命」という魔語を喜劇の文脈において用いたところに、またそうすることができたというところに、ブントの面白さと倖せとがある。

むろん、そのような浪漫のあとには虚無や退廃が踵を接してつながっていた。安保闘争の末期においてブントが全力をもって過激的たろうと悪戦していたのは、虚無や退廃をすすんで招じ入れつつそれらを拒けようとする複合感情が、加速的に高まったせいである。絶頂のあとに没落がくるであろうというのは、すでに実感にまで固まっていた。牧歌的な時代のこととて、死に場所などは見つかるはずもなかったのだが、左翼方面における過激的心性に死が近づいていることは明白であった。少くとも私が好意をよせていた非行者たちはそのような気分で一九六〇年の春を過していたのである。またその気分が救済であり安寧ですらあった。というのも、自分らが左翼過激派として延命するならば、殺戮者もしくは被殺戮者の群れになりはてるであろうという予感が、徐々に確実に、つよまっていたからである。

没落が間近に迫っているにもかかわらず、ブントには明るさが、漲るというほどではないにしても、つきまとっていた。ブントは、自分の虚妄については鋭敏であったのだが、それを自己否定の暗さにもっていくようなことはしなかったのである。正確にいえば、自己否定に並んで、明るく頑固に自己を肯定しようとしていた。今にしていえば、自己否定と自己肯定のあいだに際疾く平衡を保つこと、それがブントの精神の型であるようにみえる。

だがそれはしょせん成就しえぬ課題というべきである。左翼であることそれ自体が、右翼であるのと同じように、すでに平衡を失した状態だからである。左翼だけでは錐揉み状態に陥ること必定であり、そこで平衡を維持することなどできるわけがない。ブントは解体すべくして解体したのであり、そのあとには、自力で平衡感覚を養うという変哲のない作業が、非行者ひとりびとりに残されただけのことである。

ブントが自己肯定したのは、権力との争闘をあけっぴろげになそうとする決意についてである。争闘といっても、機動隊との衝突にせよ左翼内部での党派抗争にせよ、まだ初歩の段階にあり、それゆえに、一種開かれた心で権力に向きあうことができたというだけのことなのであろう。しかしそうだとしても、権力の本体を民衆の眼前におびきだそうとする意志は、ブントの隅々にまで及んでいたようである。権力の所在を隠蔽しているのは戦後民主主義にほかならぬということをブントは直観していた。

主権在民という虚構によってパワーやオーソリティのなんたるかが、またなんたるべきかが、いちじるしく不鮮明な環境のなかでブント世代は育ってきた。しかもアメリカという外国権力が表面に出てくるために、国内権力の本質は、国家のであれ旧左翼のであれ、ヴェールに隠されていた。権力と赤裸に対峙してみること、それがブントの欲望なのであった。そしてその欲望を解き放つために、ひとつに、すでにみたように「平和」の魔語にたいして「革命」の魔語を対置したのであるが、もうひとつには、「民主主義」の魔語にたいして「自由主義」の魔語をぶつけたのである。

自由の意味するところについてきちんとした理解がなされていたというのではない。また「自由主義」という言葉が神聖視されていたのでもない。だがブントに自由の気分が汪溢していたのは確かである。多数決制にたいする軽侮の念は並大抵ではなかった。言論の自由がまず優先されたのであって、多数決制がそれを抑圧しようとする場合には、言論の自由は、暴力や策略の助けをかりてでも、自己を押し通そうとした。

むろんそれはアナーキズムへの傾斜である。もっといえば放縦放埒への傾斜である。行動における過激主義を首尾よくなしとげるためにはなにほどかの秩序が必要になり、そのためにブントにおける無秩序への傾斜には自然と抑制が働きはした。しかしそれでも、自由としての生を危機としての生にまで深めることによって、つまりそうした生の密度によって、多数者の凡庸な生を撃とうとする意欲がブントの活力だったといえる。

言論の自由は認識の自由にまですすもうとしていた。つまり、認識の世界における権力に唾する言動が目立っていた。いわゆる進歩的文化人がブントによって軽蔑されたのは、それら知識人が共産主義から隔たっていたからでもないし、過激な行動から離れていたからでもない。たとえ表面でそれらが軽蔑の理由に挙げられることがあったとしても、本当の理由は、彼ら進歩的文化人が民主主義を至上のものとする認識に与していたこと、それがブントの気に喰わなかったのである。

ブントが進歩的文化人にとって代る認識をつくりだしていたというのではない。民主主義に代って自由主義の認識が考究されていたというのではない。ありていにいって、ブントにはまともな認識などなかったのである。人材もいなかったし余裕もなかった。要するに、馬鹿な若者の集まりにすぎなかったのだ。しかし、その馬鹿さ加減のうちに、開かれた認識へといいたる可能性がいくばくか看取できたのである。

マルクス主義も共産主義も糞くらえ、といってのける人間を少からずふくんでいたのが共産主義者同盟、つまりブントである。そんな自由な組織は、そもそも組織といえるほどのものではないのであって、空中分解して当然である。その分解のあと、ブント出自の人間のうちどれだけのものが、言論の自由そして認識の自由というものの真の魅力と真の怖さを知ったのか、私はつぶさには知らない。いずれにせよ、軽率かつ不遜に自由という名の禁断の木の実を食した人間たちにはそれ相応の報いが下っているのに違いない。

ブントに関係したわが愛する非行者たちの軌跡を描き、その人間群像をつうじて、四半世紀前の時代の一側面を照すとともに、私なりの戦後論の足元を固めていきたい。その手初めとして、私自身も非行者の群れに属していたのであってみれば、羞恥を押しころして自画像を素描してみるのが、これから私の拙い筆に載せられてしまう非行者たちへのせめてもの礼儀と思われるし、また、そのようにして自分の筆法をあらかじめ紹介しておくのも読者への親切になるかもしれない。

私

私は北海道長万部《オシャマンベ》という漁師町に生まれたらしいが、二歳になるかそこらで他処へ越したので、その町の記憶は皆無である。父も母も長沼村の産である。長沼は、後年、長沼ナイキで有名になったところで、札幌と夕張の中間くらいに位置する米どころである。父の方は浄土真宗派の末寺である本行寺の末男で、学業優秀な人間であったらしいが、複雑な家庭環境のなかで少々グレてしまい、中学中退の学歴である。祖母は祖父にとって四番めの妻であったときく。両名に会ったことはないが、ともに激しい気性で、祖母は幼い父を残して離婚し、信州のどこか辺鄙な地でひとりで生き、ひとりで死んでいったものらしい。母も、本人の言によれば、なかなか利発な少女であったそうだが、貧しい百姓の末女のこととて、小学卒の学歴しかない。

父と母は一緒になるとすぐ、村を捨てて満州にいこうとしたらしい。しかし、秋田あたりで二・二六事件にぶつかり、結局、北海道へ舞いもどって、父は農協団体の書記の職にありついた。道南をあちこち転々としたあと、おそらく戦争による人手不足のおかげであろうが、私が四歳のころ札幌の中央団体に出てきた。住所は札幌近郊の白石《シロイシ》村字厚別《アツベツ》にある智徳寺という遠戚の寺の隣である。兄一人、妹四人を入れて八人家族である。厚別は農村には違いないが、父のような通勤者たちが札幌の都会文明を運んできていたし、またちょっといけば野幌《ノッポロ》原始林にぶつかるといった調子で、面白い立地条件にあったといえる。

兄と私は厚別の信濃小学校を出て、札幌の柏中学校そして南高校へいわゆる寄留通学をした。両親は、学校を選ぶことについて以外には、教育に関心を示さなかった。関心はあったのかもしれないが、それを示す余裕がなかったのであろう。高校二年のとき、突如、世界文学全集がそろいはじめたが、それまでは、教科書のほかに、自分の家で書籍といえるほどのものをみた憶えがない。

当然予想がつくように、政治的、思想的な雰囲気などは露ほどもなかった。マルクス、レーニン、スターリン、毛沢東の名前をどこで知ったのか、それすら不確かである。要するに、まったくのノンポリ少年であった。高校三年になって住所が札幌市内に移るとすぐ、なにを血迷ったか、大学受験の直前まで小説らしきものの盲目的習作に没頭し、その結果、自分には文学の才能というものがないのだとわかった。

東大を受験して落ちた。卒業時の学力では北大がよいところであったのだが、一学年違いの兄が音楽に凝って北大受験に失敗していたので、同じ大学に兄弟そろって入るのは憚られたのである。一年間、自分の家に閉じこもって受験勉強をしていたが、まったくどういうわけか、東大に入ったら自分は学生運動とかいうものをすることになるのだろうと確信しはじめていた。受験参考書のほかはなにも読んでいなかったのだから、書物の影響ではない。ただ、「全学連書記長　小野寺正臣（東大生）砂川で逮捕」といったような新聞記事をみて、ああ俺もそのうち逮捕される東大生になるのかなあ、と妙に胸が騒いだりした。

そういえば、受験で東京へ発つ準備をしていた頃であろうか、北大生の唐牛健太郎が数人の仲間と連れだって、兄をオルグしに我家へきたことがある。その前夜、兄が「おい邁、お前、東大に入ったら学生運動やるのか」と私に聞いた。私は「ああ、やるよ」と答え、兄は「二人兄弟だからなあ、じゃ俺はやめるよ」と呟いた。私の方は、へえ、兄貴は学生運動をやっていたのか、と少々びっくりしていた。会話の少い兄弟だったわけである。

一九五八年四月、東大教養学部（駒場）に入って、三鷹寮に住み、五、六回は授業に出てみたが、面白くなかったので、あるいは面白いと思うだけの知的能力がなかったので、井の頭公園で、毎日、新聞を読んだり昼寝をしたりしていた。そんな怠惰にはすぐ厭き、たぶん六月の時分、意を決して自治会室を訪れてみた。「あのお、学生運動をやりたいんですが」という私の口上に、小林清人自治会委員長は少々薄気味悪そうな面持であったが、数分後には、ムスケル・アルバイトを、つまり筋肉労働を私に命じた。ガリ版のビラを刷る仕事である。そのうち誰もいなくなって、ひとりで慣れぬ仕事にシャツの肘を真黒にしながら躍起であった。学生運動というのも寂しいもんだなあ、これが初日の印象である。

だが気分は勝手に昂揚していた。西荻窪の映画館で、ジュールス・ダッシン監督の『宿命』という映画を観て、決意はすっかり固まっていたのである。それは反トルコ・レジスタンスの話で、吃音で、白痴とみなされていたひとりの青年が、キリストの憑依《ひょうい》妄想のようなかたちで、能弁なアジテーターに変貌し銃殺されるという筋書である。物心ついてからずっと強度の吃音に悩まされていた私に、第二次の憑依現象が現れて、その青年と私はみごとに同一化してしまった。私は彼を摂取し、彼に私を投射したわけである。

おそらく、マルクスもレーニンもスターリンも毛沢東も読んだことのない人間がこのようにして左翼化することはけっして珍しいことではないだろう。私は言葉を自由に使ってみたかったのである。言葉の河で泳いでみたかったのである。そのためにはまず水に飛び込まなければならなかった。溺れることの恐怖はあったものの、その恐怖が金鎚の原因かも知れぬと考えれば、どこかで無謀な決断をしてみるほかに手立てはないのである。

ほとんど白紙のままで左翼に染まることを決意したせいで、私は無能な活動家ではあったが、今でも恥ずかしいと思うくらいに献身的であった。たとえば、深夜までムスケル・アルバイトに精出し、井の頭線の終電がなくなったので、大学構内にある駒場寮に住んでいるある活動家に一夜の宿を頼んでみた。彼はけんもほろろの応対で、仕方なく、寮の前の木陰のベンチで眠っていると、猛烈な痒さで眼が覚め、あわてて洗面所にかけ込んで鏡をみれば、お岩の顔面である。北海道にはそういう獰猛な藪蚊はいないので、一瞬、なにかの毒にでもあたったのかと驚いたことを思い出す。

こんなふうに日々を送っている男をみれば、それなりの思想をもって動いているのだろうと周囲が誤解しても不思議はない。一カ月も経ったのだろうか、一年上級の坂野潤治が、家庭教師のアルバイトで駅に向っている私をつかまえて、「大事な話があるんだが」と話しかけてきた。「今日は時間がないが何の話か」と問えば、彼はしばし逡巡のあとに「君にパルタイに加入してもらいたいんだ」といった。これは本当のことだが、パルタイが独逸語であり、英語ではパーティとなり、つまりは共産党のことを意味するとは私は知らなかった。ただ、そのころの学生運動の指導者は共産党員だというぐらいのことはわかっていたので、加入を誘われるのならば共産党のことだろうと逆算できた。折角の勧誘に言を左右するのは失礼だと咄嗟に判断して、数十秒後には「入れさせて下さい」と答えていた。

　あとで判ったのだが、パルタイ加入は人生の岐路であり、そうあっさりと応諾するのは奇異な行動であったらしい。おまけに、最初の細胞会議で新党員の紹介があったとき、「自信はないが、テロリズムに命を賭けることができるように、頑張りたい」というような挨拶をして、いっそう奇異な奴と思われたらしい。「テロリズムなんかは臆病者のやることだぞ」と坂野潤治に叱られて恐縮していた。

　すでにその年の六月一日、全学連幹部が共産党本部で暴れて、反代々木の学生党員が除名されはじめていたという事情は、四カ月後に自分が除名される段になってやっと知ったことである。そんな具合であるから、切れ者と名高かった二年上級の青木昌彦が細胞会議にやってきて、党中央の批判を猛烈な早口でやってのける姿は、まったくの珍紛漢紛であった。また、一年上級の杉浦克己自治会副委員長が「六全協をきちんと総括しなくちゃなあ」などといっていたが、ロクゼンキョウなるものがなんであるか見当もつかぬ私は、どうも党員ならば常識として弁えておかねばならぬものであるらしいその言葉の意味を尋ねることもできず、黙っていた。

　私は命じられた用事は黙々とはたしていたのだが、クラス回りの演説は閉口した。吃音はそう簡単に直らないものなのである。なるべく短い文章をつくり、幾度もそれを反芻して、なんとかこなしてはいたが、誰の目にも口数の少い男だということは明らかになった。学生運動で弁が立たないとすれば、半身不随である。

一年上級の故樺美智子さんが、そんな私を憐れんでいたのであろう、なにかのデモで警視庁のそばに坐り込んでいたとき、共産党の歴史についてあれこれ教えてくれた。私はちょうど共産党史にかんする本を読んだばかりだったので、彼女の話はほとんど承知のところだったのだが、それを態度で示すのは彼女の親切を裏切ることになるので、素直に耳を傾けていた。彼女には、たぶん、私がまるっきりの馬鹿にみえたことであろう。私の方には彼女のただならぬ誠実さがつよく印象づけられ、そのせいか、六・一五事件で死者が出たと耳にしたとき、すぐ彼女に間違いないと直観したのである。

六月の末だったか七月の初めだったか、日教組の勤評闘争が激しくなり、私は和歌山市に出かけた。北海道しか知らなかった私には、関西の夏は気が狂いそうになるくらいの暑さであった。幸いにも私の無能ぶりはすぐ認められ、市内にいても役にたたないので、すずしい山村へ遣られた。部落解放同盟が日教組と連帯して児童の登校拒否運動をしており、山小屋ふうのところで子供たちの自習の相手をするのが私の仕事であった。

北海道にはそうした被差別部落が存在しないので、戸惑うことも多かったが、そのぶん強い印象が残っている。被差別部落出身の口数の少い女教師が、田舎道を歩きながら、被差別部落出身のもののつらい人生についてぽつりぽつりと話しているその横顔の美しさなど、忘れがたいことがたくさんある。

こんなふうに喋っていては切りがない。こんなことには、それ自体としては、なんの意味もないのである。私は、ただ、こんな幼稚な人間が大学入学の半年後には自治会の副委員長になり、一年半後には自治会委員長、都学連副委員長そして全学連中執を兼ね、安保闘争の最前線に立っていたという事実の奇妙さを読者に伝えてみたいのである。ブントに歴戦の闘士もいないわけではなかったのだろうが、ひらたくいえば、私と似たりよったりのものたちの集まり、それがブントである。そして彼らが、このうえなく愚かしいことに、もっとも勇敢に行動し、もっとも潔く分解したのである。

少くとも私についていえば、自己主張の手段として自己犠牲を選ぼうとした。しかし、なにを主張するのか、なにを犠牲として差し出すのか、わかってはいなかったのである。むしろ、それをはっきりと見定めるために過激派に属したというのが本当である。そんなものにすぎないのに、どんな資格で闘争の指導をなしうるのか、と責任を追及されるかもしれない。ただ当人たちとしては、いずれ法罰をふくむなんらかの罰が下されることを予想していたので、それで無責任の帳尻は合うとおぼろに算段していたのである。

ともかく、私が入学した年の一二月一〇日に、島成郎を書記長としてブントが結成され、私はすぐそれに加盟した。東大教養学部の共産党細胞は解体同然になったが、それでブントの意気が挙ったわけではない。多くのものが戦線を離脱しはじめたのである。学のある連中からみて、ブントはとても人生を賭けるにふさわしい思想的かつ組織的な内容をもっているとは思われなかったのであろう。自治会の委員長は第四インターという別のトロツキスト組織にゆずり渡された。

私はトロツキーの書物を一冊も読んだことがないというような有様で、委員長の小島昌光に伍すことなどできなかった。しかし、ブントの優秀な人材が日和見を決め込みはじめたので、私に番がまわり、ブントの代表として副委員長に送り込まれた。実践にたずさわるブントの同盟員は私ひとりという状態になっていたのである。そしてその私にできたことはといえば、依然としてムスケル・アルバイトだけである。自分が惨めに腐っていくのが感じられた。その臭気に耐えかねて、私もいろいろ勉強しはじめた。しかし、勉強をすればするほど、ブントなるものの空疎が露呈されてくる。

ようやく春になり、副委員長の任期がおわって、私は北海道へ帰った。五月の末から九月の初めまで、両親から訝られながら、長い休暇を過した。夏休み、全学連委員長になっていた唐牛健太郎がやってきて、全学連書記長の清水丈夫が早く東京へ戻れといっている、といって何千円か置いていった。私は函館までいくにはいったのだが、とても海を渡る気がせず、函館で深夜映画を観て、札幌に帰ったのを憶えている。

しかし、途半ばで左翼であることをやめるのは、まして自分の腐臭をかぎながらやめるのは、業腹この上なく、私は眼を瞑って共産党と闘うことに決めた。その闘いの困難さはすぐ予想できた。その春、優秀な民青同盟員が、多数、東大に入学してきていたからである。嘘か真か、駒場を制する党派が全学連を制すという古い格言に従って、共産党中央が高校民青の学業優秀なものたちに受験勉強を督促したという噂がもっぱらであった。彼らは私など太刀打ちできぬ有能な学生運動家である。そういう連中が一五名ばかりもおれば、ブントの襤褸軍団が匹敵できるわけがない。

実際は、彼ら共産党員の多くは、フロントという共産党内左翼に属することになる人々であり、やがて共産党から除名されるわけであるから、彼らが真正のスターリニストであったわけではない。しかし、一九五九年の後半、彼らはまぎれもなく共産党の路線で、ブントを押しつぶそうとしていたのである。

正直に告白するが、私はスターリニストの進撃を黙視するような自分の人生に我慢できずに、東京に戻ったのである。それ以後、革命は幻想として語りはしたが、実在感のあるのは共産党駒場細胞との党派抗争であった。私のうちに党派意識にもとづいて行動する自分の姿を醜いと思う自覚がないわけではなかった。しかしそれ以上に、スターリニストの前で尻尾を巻いてしまうと、その先、陰惨な気分でしか生きられぬような気がした。スターリニストに敗れることは間違いないと予測したが、それにもかかわらず、闘いの痕跡なりとも自分のなかに確認しておきたかった。これが最大の動機となって、あと半年、私はブントにいつづけたのである。

いったい私はスターリニストから被害を受けたのであるか。被害はほとんど零である。それなのにスターリニストに屈服できなかったのは、またしても私流の馬鹿気た動機からである。私は島成郎や唐牛健太郎や清水丈夫や青木昌彦がスターリニストによって葬り去られるのを坐視できなかった。彼らは私より年長で、さして親しい間柄というのではなかったが、いかんせん、彼らの話し方、笑い声、身振り手振りまで知ってしまったのである。

彼らは駒場を必要としていた。駒場を失えば、ブントも全学連主流派も瓦解の過程に入ることが眼にみえているからである。当時の私は幼稚で、自分の敗北については我慢できそうな気がしたが、一度は同志と名告った知合の敗北を横目にみて通り過ぎることはできそうになかったのである。せめて彼らと等しく敗北するのでなければ、というのが私のつくった幼稚な物語である。ヤクザ物語によくある筋である。ほかの言方をすれば、マルクス主義の文献を読み漁ってもいっこうに腑に落ちてこないという状態のなかでは、このような物語でも自作自演してみる以外に、私がブントの戦線に復帰する切掛がなかったということである。

このように決意するや、突然変異が起きて、五九年の秋から冬にかけて、私は比較的優秀なアジテーターに変っていった。言葉が自由に口をつくようになった。無内容なアジであったが、自分の情念が言葉に円滑にのるようになったのである。

そして一一月末、自治会委員長選挙がやってきた。それまでの半年間、ブントの同盟員および同調者が少しずつ集まりはじめ、田中学委員長はブントと共産党のあいだでよく均衡をとっていた。両派のむきだしの対立が田中委員長によって先に延ばされていたのである。しかしブントの劣勢は明瞭で、第一候補の加藤尚武、そして第二候補の河宮信郎がクラスの自治委員選挙で落選した。つまり委員長に立候補する資格を失ったわけである。そのほか、僅かしかいないブント派が次々と共産党にたたき落されていった。それで私が私のクラスには共産党員がおらず、クラスの自治委員になることができた。それで私が立候補することになったわけである。

まったく勝目がなく、勝とうとすれば、共産党ゆずりの「ボルシェヴィキ選挙」に頼るほかなかった。つまり、民主主義の原則をふみにじって、まやかし選挙をやるわけである。投票用紙の原紙が盗み出され、用紙の増刷をし、私をふくめ何人かが駒場の裏手にあった旅館に待ちかまえていた。ブントの集票員が人眼を避けて旅館に走り込み、そこで票の入れ替えがおこなわれる。実数は、おそらく、共産党候補六割、第四インター候補三割、そして私の票が一割である。一割が少めにすぎるとしても、せいぜいが二割である。予想をはるかに下回る得票で、さすが一抹の悲哀が込み上げてきた。

私も、いっとき、一部で、安保の輝ける東大委員長といわれたこともあるらしいが、なんのことはない、贋の委員長だったのである。共産党はすぐ事態の成行を察知したのだが、たぶん、学生運動にたいする信頼を損ってはならないという大人の配慮から、真相究明に乗り出すようなことはしなかった。もし再投票ということにでもなれば、私は満座のなかで一片の襤褸と化していたはずである。

革命という不法のことを口にしていたからには、自分が不法の存在であることそれ自体には、恥の感覚も罪の感覚ももたなくてすんだ。しかしその肝心の革命が、革命のみならず左翼的の理想のほとんどすべてがどうやら空語であるらしいと気づいていたわけであるから、自分の不法を正当化する論拠がみつかるはずもない。贋の委員長として安保闘争をやりぬくのをとりあえずの宿命と見立て、その宿命に身をまかせるのを自分に与えられた自由とみなしたのである。

この贋の委員長が針の筵にすわらされたのはいうまでもない。一五名の常任委員は、一〇〇名前後の出席からなる自治委員会で選ばれるので、すべて共産党系である。そのうち機をみて常任委員の総入れ替えをするのに成功したものの、当初、私は自治会室に入ることのできない宿なし委員長であった。

「ボル選」のことを知らずに私と連名で副委員長になったものは、賢明にもブントの馬鹿らしさに嫌気がさしたのであろう、やがて故郷へ帰ってしまった。そして、ブント中央はいったいどういう考慮があってのことか、私が贋の委員長になったとたんに、逮捕状の出ていた清水丈夫を駒場寮に籠城させ、共産党に恰好の攻撃材料を与える。駒場のブントも、やはり贋の委員長では気勢が挙がらぬのか、姿を消してゆく。彼らがふたたび集まってくるのは六〇年の四月になってからである。まったく、宿命における自由、などと気取っている余裕はどこにもなかった次第である。

ところで、この場をかりて当時の東大生に感謝しておきたいことがある。安保闘争の最中、六〇年五月の末、委員長改選の時期がまたやってきた。やはり、ブントは六対四の見当で、劣勢であった。共産党の厳重な監視のなか、私はまたしてもボル選の準備にとりかかったのである。いま思い出してもうんざりするくらいにトリッキーな方法であり、実行にたずさわった人間にはすまぬことをしたという気持が今でも拭えないのだが、ともかく準備は完了した。しかし共産党が「西部が何かをする、選挙は延期すべし」というビラを出し、その方針が全学的な支持をうけたのである。つまり、東大生は私が「何かをした」委員長であり、また「何かをする」委員長だということを知っていたわけである。奇妙なことに、私は自分の正体が全学的なかたちで見抜かれていたと知って、羞恥よりも安堵を感じた。そして、我田に水を引いていえば、そんな贋の委員長の出す過激方針に賛同してくれた東大生が四割もいたことに感謝したくなるのである。

こんな私の顚末は、それ自体としては、語るに価しない事柄である。歴史の動きにはなんの関係もない話である。ボル選が私の前にも後にも多々あったことは左翼の常識である。左翼の内情を暴露したいのでもない。ブントなるものの実態を理解してもらう手がかりになればとの心づもりで、四半世紀前の記憶をほじくってみただけのことである。ブントの実態というよりも、その精神の型である。駒場は、おそらく、党派抗争の最も激しかったところである。暴力は時折のなぐりあいにとどまっていたが、それだけに言葉の抗争において神経を用いなければならなかった。勝つためには、民主主義を持上げる振りをしながら、それを足蹴にしなければならなかったのである。

ブントとか全学連主流派といえば、一月一六日に羽田空港に坐り込み、四月二六日に国会前で装甲車を乗り越え、六月三日に首相官邸に突入し、六月一五日に国会に乱入したというふうに、フィルムの齣が回される。しかし、少くとも私というブント同盟員にとっては、党派抗争のなかで他人の精神を傷つけ、自分の精神が傷つくという政治のグロテスクにどこまで耐えるかというのが安保闘争だというふうに意識されたわけである。私の精神はひ弱く、このグロテスクに耐え切ることはできなかった。

次期選挙が延期されたおかげで、私は安保闘争が終るまで東大教養学部の自治会委員長でありつづけた。羽田事件で逮捕・起訴されて二月末に保釈されてからは、私が逮捕されると駒場の党派抗争に支障をきたすとの理由で、ブント中央から逮捕を免れるべしとの指令がくることが多く、そのせいもあって、六月二三日に新条約が自然承認されたあと、七月初めに全学連大会の途中で逮捕されるまで、安保闘争に終始かかわることができた。その後、未決拘留で今はサンシャイン・ビルの建っている東京拘置所におり、一一月末に保釈で出てきたときには、ブントはみごとに解体していた。

翌年三月、清水丈夫や青木昌彦やを前にして、「戦線逃亡」をはっきりと宣言した。逃亡を広言したので、あとであれこれいわれたらしいが、私としては、戦線が私から逃亡したという気分であった。それから四年ちかく、家族との関係をふくめて固定した交際を絶ち、七年近くのあいだ、三つの裁判所に通うのが人生の仕事であった。

私は、自分のなした軽率や醜悪について、意識してやったことであるから、後悔するところはない。それどころか、もしそれらをくぐりぬけなければ、私は単なる吃音男でおわっていたであろうと確信している。言葉の吃音のみならず、精神の吃音が悪化していたであろうとすら推測される。極端な物言をあえてすれば、ちゃちな闘争ではあったが、信頼と裏切、理想と現実、希望と絶望、勇気と怯懦、その他さまざまの人間存在における二律背反の基本型を味わうことができたように思う。だから私は六〇年安保闘争に際会できたことを幸運だったと考えている。

しかし、政治運動をやめて咎人あるいは咎人候補として過していた二二歳から三〇歳までは、憂鬱とともに安寧の期間でもあったのである。他者を政治的に指導する立場にあるのは、まして贋者となれば、嫌なものである。その指導のせいで傷ついた人間、あるいは傷ついたと思っている人間、さらには傷ついたと騒ぎ立てる人間がいるものだからである。それ以上に、幸か不幸か政治的天分のあるものは別として、普通の指導者ならば、自分が他者を指導する資格のない贋者だということを自覚せずにはおれない。

このような嫌な気分にカタルシスを与えてくれたのが、私の場合は法罰なのであった。それゆえ、裁判のあいだ、私がもっとも好意をよせていた地位のものは、被告でも弁護士でもなく、裁判官であった。彼らは私に法罰を下すことによって私を救済もしくは浄化してくれるように思われたのである。自己処罰の癖があってこのようなことをいうのではない。私はつねに自己否定と等量の自己肯定を手放したことがない。私のいいたいのはもっと平凡なことで、いわば因果応報めいた仕組が社会にも人生にもあった方がよいということである。その仕組の動きを自分のブント体験を素材にしてちょっと語ってみたのである。

以上が私の自画像の素描である。これから幾人かの非行者の肖像を描くのに並行して、自分の顔に色をいれることもあろうかと思う。ここではとりあえず昔の自分の意見と行動、というよりも愚見と愚行、の一端を明らかにして、四半世紀前への旅立ちの挨拶としてみたのである。

第一章　哀しき勇者——唐牛健太郎

唐牛と私はとおり一遍にいえば親友の関係ということであり、周囲もそうみなしていたのであるが、あえて自分の実意にこだわってみれば親友というよりも、信友の関係とよぶのがふさわしく、もし死者にも発言が可能ならば、唐牛もその方を選ぶであろう。自分の弱味を晒すようなことは断じてすまいという暗黙の約束が成立っているとき、人間関係はそう親密ではおれない。越えることのできない距離があるという思いは、否応もなく、ある種の冷やかさを彼我のあいだに発生させる。

だから、私たちが幾度もなした喧嘩には、傍のものには親友の痴話と見えたのかもしれないが、相手の背骨に手をかけんばかりの死活の真剣さが多少込められていたのである。今現在も、唐牛について語るとなると、そうした穏やかならぬ気分に誘われる。しかも、死者の民主主義を奉じる私としては、唐牛の真意をも代弁しなければならず、必然、一人二役でこの冷たい関係を演じなければならないのであるから、とてもそこらの雑誌の「唐牛健太郎伝」において見かけるような安穏な語り口とはいかない。

自分らのささやかな精神の城を厚い障壁で囲んでいはしたのだが、彼も私も相手の弱点についてはよく承知していたように思う。そこに誤解が多々含まれていたのだとしても、付合が二五年にわたって維持されるとなると、誤解にもそれなりの重みが出てくるわけである。相手の弱点を窺い見たと思うとき、友人同士の会話に厄介な荷重がかかりはじめる。つまり、相手の発言が虚勢なのか実勢なのかを、さらには両者のどのていどの混合なのかを、逐一見分けなければならなくなる。

自己の弱点を隠蔽するような発言は虚勢であり、自己の弱点を見すえたうえでの発言は実勢である。ひと誰しもこの虚実のあいだで平衡を保つよう努めるものであろうが、唐牛も私も、その努力の成否について、どちらかといえば鋭敏な判断力をもっており、おまけに、その判断を辛辣に表現してしまう癖をもっていた。もっと正確にいうと、他処では鈍感かつ温和に振舞うことができるのに、二人が顔を合わせると、しかもかならず酒を相伴させているというのに、そうはいかぬという設定になってしまいがちなのである。

私が唐牛のことを信友とよびたいのは、このような設定のなかで彼が律儀なまでに平衡をめざしてくれたからである。その精進ぶりにはどこか人間の真実をけっして欺くまいという構えがみてとれた。ここで真実というのは、想像力がはてしなく不安定に拡がっていくという人間の可能性の次元にたいして尽きせぬ関心をよせながら、同時に、生き抜くためには様々の拘束に服従しなければならぬという人間の現実性の次元にたいしても徹底した注意をはらうという生の根本的課題のことである。そして、この際疾い作業のなかで、あくなく平衡感覚を鍛えることである。この課題にとりくむ際の知力、体力そして胆力において、私の友人知人のなかでみるかぎり、最も信じうる能力をもったもののひとり、それが唐牛である。

私は自慢してみせたいのだが、彼がそうした人間であることを早期に見抜いていた。そして、私がそう思っていることを唐牛は知っており、それが彼の辛い人生にたいする、ほんの僅かとはいえ、励ましになったであろうと思いたい。少くとも私のがわからいえば、六〇年安保のあと、社会的存在の様式としてどんどんかけ離れていくばかりであった唐牛と私のあいだにあって、私のなしえた唯一の励ましは、彼のかかえた真実をくもりなく理解することだけなのであった。

思い返せば、奇妙とも当然ともいえるのだが、相互にこのような錯綜した心理ゲームをやりつづけながら、私たちはまともな言語ゲームをほとんどなにひとつなさなかった。馬鹿話の連続の挙句、ほんのちょっとした言葉のもつれから、「うるせえ馬鹿野郎」といいあって別れ、数年後にまたなにくわぬ顔で馬鹿話をはじめる、おおよそそんな光景であった。その意味で、酒という生の精は私たちに沈黙をもたらしたのではないかと思う。

ところが、癌細胞が唐牛の肉体を喰い荒して死の影がどんどん強まっていった最後の一年間、私たちは、むろん照れ気味ではあったものの、言語ゲームをやりはじめた。できるだけユーモラスであろうと心掛けつつ、金、女、政治、文学、学問など思いつくまま話題にした。私たちのあいだにも安らいだ会話が可能なのだと知ったのは、私には、そしてたぶん唐牛にも、心楽しいことであった。

彼の死の一〇日ぐらい前のことであろうか、がんセンターの病室で暫しのお喋りのあと、私は喫煙室にいき、そして唐牛に別れを告げようと病室にもどった。唐牛は上半身を起こして、膝の上に給食をおき、頭を垂れていた。これが最後の出会いになるとも知らずに、「じゃ、また来るな」と私は声をかけ、それにたいし唐牛はかすかに身をゆすって応えた。癌の激痛が襲っている模様であった。戸口でもう一度振り返ってみると、春の西日をあびて、まぎれもなく死につつまれた人間の孤影がシルエットのように浮び上っていた。私は息をのんで一瞬立ち止まり、そして、なにかに追われるような気持で街の雑踏のなかに逃げ込んだ。

以下に描いてみたいのは、唐牛の賑やかな人生の裏面にいつもぴたっと寄りそっていた孤独というものについてである。彼が、終生、他人の眼に晒すまいと企《はか》った悲哀の感情についてである。私の見たあの西日のなかの孤影は、唐牛の人生の裏面にほかならないのではないか。実は、私の視線はずっと唐牛の裏面ばかりを向いていた。そこでおぼろに思いうかべていた唐牛の孤影があのとき不意にありありと眼前に出現して、私は息をのんだのである。その孤影を言葉で描くのが私の仕事であって、戦後の英雄列伝の末席に彼を載せるというようなことは私にはできない。

青木昌彦と私とで宇都宮刑務所まで唐牛に面会しにいったことがある。唐牛が田中清玄の事務所に籍を置いてまもなくであり、また青木が東大の大学院で近代経済学の勉強をはじめたあたりの頃であるから、一九六二年の夏場と思う。東北線の車中で、青木は、唐牛が庶子であること、そしてそのことをめぐって「語るも涙、聞くも涙の物語を唐牛の奥さんの和子さんから教えられた」ということについて語った。和子さんは唐牛の母親のきよさんから知らされたのだという。刑務所ではひとりしか面会が叶わぬということがわかり、青木が会いにいった。私は、待合室で、そうした関係にある母子が、一方は函館で他方は関東の奥の刑務所でどんな思いにいたるものであるか、たぶん少しは想像をめぐらしたに違いないのだが、記憶が定かではない。あるいは私にそういう心の余裕はなかったのかもしれない。

唐牛とともに連座した一・一六羽田事件には執行猶予がついたが、私にはまだ六・三首相官邸事件と六・一五国会事件が残っていた。自分はいずれ実刑になって獄に下るだろうと確信しながら、毎日を無為に暮すという結構疲れる生活をしていたのである。三人を宇都宮につなげたのは、一切の政治党派から離れたものたちがこれからひとりびとり勝手な方向にころがっていくことにかんする連帯の挨拶のようなものにすぎなかったのであり、それ以上の心の働きは、少くとも私にかんするかぎり期待すべくもなかったようだ。

しかしそれ以来、時が経つにつれてますます、唐牛がその背に庶子の悲哀とでもいえるものをひそかに負っていると私にはみえはじめた。「唐牛にはそうした生い立ちからくる暗さはなく、生まれついてヒマワリの花のような明るさをもっていた」というような評言を私は何度か眼にした。間違ってはいないが表面的にすぎる観察といえる。酒と歌と革命を愛した男として唐牛を描くのはあまりにもオールド・ボルシェヴィキ流であり、またあまりにも凡庸である。

唐牛は濃い暗闇をかかえて生きていたのであり、彼の示した明るさの半分は天性のものであろうが、あとの半分は自己の暗闇を打消さんがための必死の努力によってもたらされたものである。彼の明るさには心の訓練によって研磨された透明感のようなものがあり、その透きとおったところが私には寂寥と感じられた。

他人から露悪や被虐と受け取られることを厭わずになんでもかんでもを話題にのぼせたあの唐牛が、自分の生い立ちについては一言もなかった。周囲がそれを知っているということを彼は知っているのに、ついにそのことについて述懐せずにおわった。私はそれを、唐牛の母親にたいする敬愛の念とみるようになった。だから、癌と闘っていた最中、ある女性が芸者の職業を称賛するようなことをいったとき、彼が「おめえらに芸者の気持がわかってたまるか」と怒鳴って酒席をひっくりかえしたというのはよく腑に落ちる話である。

誤解されないよう念を押せば、唐牛はそうした生い立ちに劣等感をもつような人間ではなかった。庶子の悲哀あるいは暗闇と私がいうのは、母子のあいだで世間の尺度では測れぬ質量の愛情関係をもってしまったものに特有の精神の型、つまり語り得ぬこと伝え得ぬことがあると骨の髄から知ってしまった人間の生にたいする構え方のことである。

北海道大学に入るとすぐ、「学生運動なんかしゃらくさい、労働運動だ、と思って上京した」という唐牛の言を幾人かの評論家が真にうけている。言葉にたいする軽信というものであろう。あの時代、あの函館の温泉街で育った一八歳の人間が政治についてそういう種類の判断を下し、しかも入学したばかりの大学を離れるまでの固い決断に到達するわけがない。「あなたの東京行きは私の過去となにか関係があるのでしょうか」という母親の手紙が、おそらく、正鵠を射ているのである。そして、高校時代における唐牛の恋愛、つまり同じく庶子に生まれ育った女性とのおそらくは幼い恋の顚末もそこに介在しているのであろう。

故人の秘密をさぐりたくてこんなことをいっているのではない。唐牛の言葉遣いの方法をわからなければ、彼の言葉の片言隻句を集めて唐牛伝など物しても無駄だといいたいのである。そしてその言葉遣いはブント流表現のひとつの典型をなしていたのであった。たとえば、四・二六事件で唐牛は、「恐れることはない。諸君、障碍物を乗り越えて、一歩一歩進みたまえ!」と叫んで装甲車から機動隊のなかに飛び込んでいったという。世人はその姿に若さのエネルギーをみて拍手喝采する、あるいは罵詈讒謗をあびせる。世の習いとはいいながら残酷な光景ではある。

私には唐牛の疲労や枯渇やの一切が手にとるように伝わってくる。その日、私は池袋でトリュフォーの『大人はわかってくれない』という映画を観ていたので、現場にはいなかった。逮捕される時期を延ばすためである。しかしそれでも、当日の唐牛の情熱が虚無に裏打ちされていたであろうことを疑わない。中垣行博はいっている、「俺が装甲車を越えて向うがわに出たら、唐牛が私服警官の列の方へ足をひきずって歩いていき、そして逮捕された。その寂しそうな姿のことが忘れられない」と。はしなくも、装甲車の前と後で唐牛の心情の表と裏が演じられていたのである。

唐牛の場合がひとつの見本であるように、政治にかかわった人間の人生はいつも悪しき政治にもとづいて語られる傾向にある。つまり人生の表面だけをわかりやすい定型によってとらえようとする。たとえば、田中清玄の仕事を手伝っていたとき、唐牛が「俺は野良犬になる」といえば、「奴は市民生活を捨てた、立派だ」とか「奴は市民社会から捨てられた、駄目だ」とかいったような評価がよせられる。下らぬ評価である。

無頼になり切るには知的にすぎ、知的になり切るには無頼にすぎるという二律背反に挟撃されている、それが唐牛の実相である。彼はその挟み撃ちの前でたじろがずに、与えられた条件のなかで、決断をなしつづけたのである。二律背反を生きるという人間の根本問題に、その正誤などはさておき、休まずに解答を与えるよう努めたという点において、唐牛の人生になにひとつ特別のものも異常のものもありはしないのである。

彼の与えた解答は、結果としては、社会の庶子となるということであった。ブント派全学連の委員長になったこと、田中清玄に協力したこと、新橋で飲屋をやったこと、与論島で土方をしたこと、紋別で漁師になったこと、徳田虎雄の選挙参謀をしたこと、それらのすべてが社会的認知を受けにくい種類の事柄とみなされた。そうみなされることを承知のうえで、唐牛は社会への同調ではなく社会からの逸脱の方を選んだ。だが、それらは本当に逸脱なのだろうか。

私の知るかぎり、唐牛の選んだ途は彼にとってほとんど避けることのできない行程であったと思う。「政治は個人的心情の賭事だ」と唐牛はいったそうである。まったくそのとおりで、政治的実践にかぎらず、日常的実践も認識的実践もふくめて、生の全局面が本質的にそうしたものなのだ。しかしそのことは文字通りの意味での選択の自由を意味しはしない。庶子に生まれついたのがいかんともしがたい宿命であるのと同じように、唐牛にあって賭事の種類も規則もおそろしく限定されたものとして現れていた。彼はそのせまくるしい賭場に素直に赴いて賽を振ってみたまでのことである。

「餌にとびつく人生」という言葉がある。唐牛は、私もそうなのだが、餌にとびつく人生というものにたいし、戯れつつも、生まじめにとりくんだ。たとえば、新橋で一杯飲屋を開いたことを世間は唐牛の無頼もしくは酔狂として取沙汰した。しかし、それも唐牛にとっては不可欠の餌なのであった。それまでの数年、私は彼と音信が途絶えていたのでくわしいことは知らぬが、唐牛が千円の金にも窮する生活をしていたことをあとでまわりのものからきかされた。

その直後、私は唐牛と再会した。ちょうど全共闘が暴れていた時期、酒と花札と駄法螺をまじえて、三〇歳を越えたばかりの男たちが五、六人、あるときは暴発し、ほかのときはのたうつといった調子で毎夜を過していた。私のような貧乏人がスポンサーにならなければ酒席が成立しないという夜も少くなかったのだから、みんな餌に飢えていたのである。

全学連委員長になって上京して以来、唐牛が飢えから解放されたことは一度もなかったといってよいだろう。この方面の問題について、ブントの連中は酷薄なまでに相互扶助の精神を嫌った。みんな自分のことで精いっぱいだったともいえるし、相互の自立を重んじたともいえるが、もっとざっくりいえば、自分のことしか考えぬエゴイストが大半だったということである。さらには、かつての同志が社会の階梯を滑り落ちていくのをみることに、いわば自己安堵の快感を感じるものもかなりいたというのが私の判断である。唐牛なんかと付合っていてもろくなことはないぞ、という忠告を私は何度もきかされた。

これが人間社会の残酷な現実であり、ブントもまたその例外ではありえなかったというだけのことであろう。また、滑り落ちた人間およびはずれた人間のがわからいえば、ひとたび革命や自由のことを口にしたからには、自分の不遇について不平を口外する権利はなにひとつない、これが過激派政治の鉄則である。唐牛は、全学連委員長であったという一事によって、この鉄則の一番手の適用例になるほかなかったわけである。

六〇年代の前半、二番手か三番手かははっきりしないが、私もまたそうした適用をうける立場にあった。私は、自分の砕けた破片を拾い集め、張り合わせようと心に決めた。

そして万が一そういう機会がくるものならば、社会という名の坂をよじのぼってみるのも悪くないと考えていた。そして、そうした試みが失敗に帰したら、北海道にわたる以前の先祖の地であるらしい北陸で農夫にでもなろうかと夢想していた。

そのとき唐牛は、田中清玄に近づいたことを最初の一歩として、次々と社会からずれていく径路、少くともそうみえる径路を選んでいた。むろん、どちらでもよいのである。唐牛の漁師的やり方と私の百姓的やり方のあいだに優劣の差も善悪の差も美醜の差もないと私は思っている。結局は、生まれついての性分が岐路において作用したのだろうとしかいいようがない。

ただ、ひとつだけ気になることが残る。私には両親と兄妹がそろっていた。帰ろうと思えば帰れる家族の小宇宙というものがあったのである。唐牛にないものが私にはあった。実際には、家族がなにか計量しうる効力を発揮するのは、貨幣とか権力によってであり、私の家族はそういうものとは無縁である。しかし、家族があるという感覚それ自体が、人生のぎりぎりの地点で効力を発揮するのだと私は思う。孤独の深さや大きさが画然と異なってくるのである。呑気に惰眠をむさぼることのできる場所があるかどうかが決定的な作用を及ぼすような人生の局面というのもあるのである。

唐牛の場合、家族の規模は極微であり、しかもそこには哀切の情が抑えようにも抑えがたく充満していたはずである。そうした事柄に思いをめぐらすとき、それが幸運なのか不運なのかは解釈次第というわけだろうが、唐牛が人並ではない悲哀の感覚にとらわれていただろうことに無関心でおれなくなるのである。

唐牛の一周忌に、情報収集というおおいに気のすすまぬ仕事をかねて、函館へいってきたときのことである。彼の高校時代の同級生にあたるある女性が「横浜に唐牛さんのお孫さんがいるんですって」と問いかけてきた。唐牛の語り口を想い起こしながら、私は「それはまったくの嘘です」と答えた。彼女は、「やっぱり」と認めつつも、「でも、あれだけ真剣に、なんども孫の話をされれば、本当かなと思っちゃうわよね」と呟いていた。

率直にいって唐牛は、あのように生きあのように死ぬことによって、三つの家族を破壊した人間である。母親のきよさん、最初の奥さんの和子さん、そして次の奥さんの真喜子さん、それぞれの女性が彼を愛し、信じ、許しつづけたと思われはするものの、世の常識的基準からいって、つまり観念的には拒否しえても時間の経過とともにじわっと襲いかかってくるあの基準からみて、癒しがたい傷を負ったと思われる。唐牛は家族という最小単位の社会からもずれる種類の人間であった。しかし、その喪失、その欠落を補おうとする唐牛の意欲も、孫の話を虚構するというような幻想形態においてであるとはいえ、激しいものがあった。

「真喜子がお産のために与論島から京都へ帰る途中、船が台風にあって、死産してね。

俺は子供のために鹿児島に墓をつくったんだ」と、唐牛がぽつりぽつりとした口調で話す。私の妻は、「台風の季節に妊婦を船に乗せるなんて、なんていうことをしたの」とすっかり気を高ぶらせている。「うん、失敗だった、俺は阿呆だからねえ」と唐牛は神妙にしている。数年後、私たち夫婦が真喜子さんとも友人になってから、この話が嘘だとわかった。真喜子さんによれば「健太郎の悲しい物語なのよ」ということである。

唐牛は餌に食いつきながら、社会の端へ端へとずれていった。しかし、そのほとんど必然のコースはつねに彼独得の物語によって色づけされていたのである。ブントにおいては、政治を賭事とみなした。清玄事務所では、野良犬として生きることの人生美学を語った。与論島にむかう際には、言葉は腐るというランボー風の物語をつくった。紋別では、自然との闘いというドラマをつくった。そして癌との闘病においては、死を嘲笑する勇気という物語を懸命に語ろうとした。自分の人生を物語の系列として構成しようとするこうした営みは、ともすれば自己劇化さらには自己正当化の臭いを呈しかねない。実際、ジャーナリズムの取材に応えるという脈絡におかれたとき、唐牛の言動にそのような傾斜がかかったことは否定できないであろう。ジャーナリズムがその傾斜をいっそう急勾配にしたのはむろんのことである。

しかし、唐牛の信友としてどうしても弁護しておきたい点がふたつある。ひとつは、唐牛のつくった物語のほとんどが現実のものとなりおおせることなくおわったのだが、それはある意味で致し方ない話だという点である。唐牛の現実界はきびしく閉ざされており、そんな窮屈な世界のみでは彼は生き切れなかった。

　死の二年半前、コンピューター会社のセールスマンの仕事が暗礁に乗り上げていたとき、私にしては珍しく彼に文句をいったことがある。朝方まで飲み、路上に立看板を横たえて、そのうえで寝るというようなことがつづいているというからである。なにものかにたいする怒気をたっぷりとふくんだ酔眼で私を睨み、彼は「うるせえ、死ねばいいんだろう」とはきすてた。唐牛の現実界はおおよそこのように薄氷のうえを滑っていたのである。虚構の物語であれ希望の物語であれ、そのほかなんであれ、なにかの物語をつくらなければ呼吸も叶わぬ次第であったろう。コンピューター会社では彼流の物語が創作できなかったのである。要するに、唐牛の物語は見はてぬ可能界に想像を馳せるためのものであって、現実界はそれとして残酷に進行していたということである。

　弁護したいふたつめは、平凡な物言をあえてするが、唐牛の物語は六〇年安保の全学連委員長という十字架のうえに刻まれていたという点である。それがちっぽけな十字架であることを彼は承知していた。しかし背負ってみれば、当事者でなければわからぬ重みがあったのだろうと推察される。また、苦痛の種ともなれば快楽の種ともなるその重量感に親しんでいるうち、その十字架は彼の肉体の一部に化さんばかりになっただろうとも推察される。唐牛は委員長にふさわしい生き方を追い求めていた。六〇年安保が昔話の一項目にくくられる時期になっても、なおもそれを追い求めなければならないのが彼の宿命であった。自分の気性、能力、環境条件などを吟味した結果として選んだのが、あるいは選ばされたのが、「ずれていくスタイル」である。それ以外のスタイルを彼はみつけられなかったのだ。

委員長としての恰好をつける仕事において彼は合格点をあげたということなのだろう。そのような仕事にたいしどんな社会的評価が与えられるにせよ、仕事が与えられれば、それに精出すのが彼の流儀とみえた。もっとも私個人にかんしていえば、唐牛がどれほど恰好を失おうともまったくかまわなかった。私の彼にたいする関心は主に彼の暗闇の領域にむけられており、明るみのなかで彼がなす演技の意味は、私のものもまたそうであるように、自明の領域に属していたからである。

長崎浩は、唐牛が「ぶらぶらしつづけた」のは「世代の暴力」によるのだ、といっている。本当にそのとおりだ。もっといえば、直接に手を下したのはブントである。高校時代は無口な文学少年で、北大時代は僻地で子供を教えることを私の兄と語らっていたような、母親思いの変哲のない青年に十字架を背負わせたのはブントである。

むろんこんなことは、歴史とはたいがいそんなものなのだから、いったとて詮ないことではある。しかし、世代および組織の暴力にかんする最低限の自覚すらない唐牛評がこの二五年間につもりにつもったという事実を前にしては、十字架を背負ったもののパッションについて再度注意をうながしたくなるわけである。

パッションとは情熱であるとともに受苦である。「船の上で、狂暴な漁師が中学を出たばかりのがきを苛めるんだなあ。俺がそのがきをかばえば、喧嘩になり、港につけば喧嘩の延長戦さ。五分も殴り合えば、こっちも年だから疲れはてて、ぶっ倒されて踏んづけられて、鼻血がだらだら、気を失いながらパトカーがピーポーピーポーと近づいてくるのをきいてると、おい西部、パトカーのサイレンてのはきれいなもんだぜ」。こういうやり方が唐牛の情熱であり受苦である。

この話が嘘か真か、誇張か控え目か、そんなことはどうでもよい。いずれにせよ、唐牛の精神の型とはそうしたものであった。彼の生活がその精神の型をほとんど職人の器用仕事のようにして彫りつづけていた。情熱という能動的行為と受苦という受動的行為のあいだで平衡をとろうとする彼の生活術は、ちょっとした変換をほどこせば、たとえば私の仕事である文章にも通じるものである。その意味で、唐牛という死者は私のなかでまだ生きているといわなければならない。

政治、といえるほど大袈裟なものではないが、とりあえず私たちが二五年前にやったことを政治とよぶならば、私の場合、政治における唐牛との接触はほとんど皆無である。

集会や会議で袖擦りあうことはあったが、直かに対面するという形で政治について語ったことはないのである。その理由は、ひとつに、共産党との闘いのために私が東大教養学部（駒場）を離れることが難しく、いきおい、全学連書記局との関係が疎遠になったということである。ふたつに、私は当時の書記長でいまは中核派の最高幹部であるらしい清水丈夫と、お前ら精神的ホモ・セクシャルかと周囲からいわれたことがあるぐらいに仲が良く、私にとって、書記局とのつながりはそれで十分なのであった。

それのみならず、政治運動の流れに即してみても、彼と私はすれちがいが多かった。唐牛が全学連委員長になった一九五九年の初夏から秋にかけて、私は札幌で無為に暮していた。その年の一一・二七国会突入事件のときは、唐牛は関西にオルグにいっていたとのことである。またすでにのべたように、彼が装甲車を乗り越えていた六〇年の四・二六事件のとき、私は池袋の映画館にいた。私が首相官邸や国会へむけてのデモをなんとかかんとか指揮していた五月から六月にかけては、唐牛は巣鴨の拘置所にいた。お互いにその年の末に拘置所を出てから、六一年の春までのブント崩壊期にあっては、唐牛は戦旗派という分派にいて革共同（革命的共産主義者同盟）への移行を画策しており、私は、清水が可哀相なので彼の組織したプロ通（プロレタリア通信）派という分派に所属していたが、要するにブントに最後の時の鐘が鳴るのをじっと待っていた。

結局、二人が一緒にいたのは羽田空港の喫茶店においてだけということかもしれない。

そこでコーヒーを飲んだというのではない。六〇年の一・一六に、指導者の全員投入というブント中央の恐るべき革命的方針のもと、みんなして喫茶店という袋のなかの鼠になりはてたときの話である。こんな次第であるから、唐牛の政治的側面については遠景しか描けないのである。

しかし、唐牛と私のあいだにある種の政治的信頼感情が交換されていたことは確かである。それには同郷の友誼、しかも私の兄が唐牛の友人であったことがあるという友誼も作用していたろうし、また、ブント最高のオルガナイザーであった清水がその感情交換をうまく媒介してくれたという事情も作用していたに違いないが、それだけではない。

気障ときこえるのをおそれずにいえば、アクティヴ・ニヒリズムを共有するという相互理解が、曖昧なものであったとはいえ、成立っていたと思う。時期も場所も思い出せないのだが、ともかく安保闘争の途中、「最近なにやってる」と唐牛がきくので、「マルローの『レ・コンケラン』を読み直して空気を入れてるところさ」と答えたことがある。彼は「ああ、あれは俺のバイブルだよ」と嬉しそうにしていた。一九二五年の広東蜂起を題材にしたその書物は、私のみるところ、マルローの活動的虚無主義の思想がもっとも濃厚に凝縮されたものである。ちなみに、「空気を入れる」というのは気力を充実させることで、たぶん清水あたりが留置場から仕入れてきた隠語であろう。

それゆえ、六〇年の三月の末か四月の初め、ブントの組織に羽田事件で穴があいて空気が抜け切っていたとき、都内の自治会の代表者会議（都自代）で、唐牛が「いまヒットラーの『マイン・カンプ』を読んでいる。共産党との闘いをすすめるうえでいろいろ有益である」というような文句を報告のなかにまじえたとき、私にはその真意がすぐ理解できた。それは、アクティヴ・ニヒリズムを掻き立てなければ切り抜けられないような危機がブントに迫っているということをいうための隠喩なのだと思われた。そのころの私たちに書物をじっくり読む暇も気持の余裕もなかったのであって、『征服者』にせよ『わが闘争』にせよ、ちょっと斜め読みするだけのことであり、それであと一週間を生きるためのイメージが湧けば上出来なのであった。

唐牛のアクティヴ・ニヒリズムの淵源がどこにあったか、私の場合を下敷にしてのことであるから大雑把な類推にすぎないが、次のようなことかと思う。まず少数者の感覚というものがあった。少数派は短期においてはかならずや敗北するであろうと予感し、そこからニヒリズムへの接近がはじまる。しかし長期においては、少数派の言分が勝利しないまでも他者に通じるであろうと思い込むことによって、活動へと誘われる。おおよそこんな心理の仕組によって少数派にアクティヴ・ニヒリズムのにおいがたちこめるのである。

ただし、少数派の感覚というものにも二種類あって、ひとつはエリート的のもの、もうひとつはアウトサイダー的のものである。唐牛はあきらかに後者に属しており、私も東大生としては珍種といえるぐらいに後者に与していた。なぜそうなったか、知る由もないが、唐牛についていえば、高校二年のとき、それまでの野球部の仲間が「ちょっと恐くて近づけなくなった」というほどにグレたこと、また私については、同じく高校の二年まで、あとで暴力団の幹部になった本格的な不良少年と親友であったことなどを思い起こすと、アウトサイダーへの傾きは生来の気質や幼児期の体験にふかく根差しているのだろうと推測される。

むろん、そうはいっても、大学に入って左翼の集団運動をやるわけであるから、局外者の精神といっても高が知れている。私のいいたいのは、ブントがそうした傾きを秘めていたこと、唐牛がその傾きをいささか如実に体現していたこと、そして私がそれを好ましいと感じていたことにすぎない。

しかし、安保闘争のあいだの唐牛には、アウトサイダー的の気分が特殊に増幅される要因が、ふたつばかり、あったことを認めなければならない。ひとつは、北大生であるために、都内の大学に足場がなく、いわば大衆運動のデラシネとなりがちであったという点である。根無草であるにもかかわらず街頭ではいつも先頭に立たなければならないというのは、ずいぶん不安定な気分であったろうと、いまにして同情される。

世人にはわかりにくいかもしれないが、デモ隊が街頭に出てくるまでには、数週間さらには数カ月におよぶ宣伝煽動の活動そして組織化の活動がなければならない。その過程に直接に関与することが少いというのは、私的には安楽かもしれないが、政治的には不安である。唐牛にあって、その種の不安がアウトサイダーの気分を加速したであろうことは想像しやすいところである。

ふたつに、全学連のイニシアティヴにたいして東大が依然として大きな影響力を与えつづけており、唐牛はなにほどか外様の地位におかれつづけたという点である。書記局トロイカとでもいうべき、唐牛、清水そして青木の人間関係は、それ自体としては、支障なくすすんでいるようにみえたが、実際には、清水の卓越した活動力に権力が集中し、少くとも東大ブントは、本郷にせよ駒場にせよ、清水のいうことならば信頼しようという構えにあった。

もっといえば、彼の信友としてはいいにくいことだが、東大の連中には唐牛にたいする軽侮の念が、それほど強いものではないが、ひろくゆきわたっていたと思う。唐牛のもっている非理論的な雰囲気にたいし東大ブントは、そしておそらく早大ブントあたりも、反撥しないまでも、心配そうに眺めている気配であった。そういう集団心理の動きをあの敏感な唐牛が察知しないわけがない。激しい運動の連続であったから、そういう政治組織につきものの心理的確執が深刻化する余裕はなかったのであるが、ともかく、そうした意識が運動の流れに密着できないという感じを唐牛に与えたのではないか。

よくいわれているように、唐牛は「全学連のシンボル」には違いなかったが、その象徴には小さくない屈折と亀裂が走っていたのである。またそのことを考慮に入れなければ、六〇年の春に唐牛がなぜあれほどに虚無的に生きていたか、そしてその虚無を発条にして、肉体を言葉に化すような行動へと突っ走りえたかをよく説明することができない。私は、いってみれば東大のなかの唐牛というような立場にいたからわかるような気がするのだが、街頭でアジって逮捕されて裁判所にいく役割のものたちのなかの大立者、それが唐牛なのであった。唐牛はその役割をみごとにはたした。

役割を全うしたとて、そのあと組織の支援はなにひとつ期待できない状況にあったという事情を加味すれば、彼の役割完遂は最大級に立派だったといえる。だがそれは、アウトサイダーに特有の「個人的心情の賭事」として実行されたのであって、そうであってみれば、唐牛の心胸にどんな思いが去来した挙句、装甲車に跳び乗ったものであるか、せめて私ぐらいは考えてやりたいのである。

「唐牛のやつ、こんな忙しいときに、金もって箱根にいっちゃったよ」と清水がこぼしていたのは、六〇年の四月のころだろうか。それをきいても、私は、清水がしんどかろうと同情した以外は、とりわけどうということもなかった。後年になって、そのころブントが田中清玄から資金援助をうけていたと知らされたときも、その金の一部が箱根で費消されたのかしらんとごく当り前の推理をしてみただけで、どうということもなかった。

こうした問題についてはいろいろの解釈が可能だろうが、ぎりぎりのところでなされた行動ならば、私に直接の被害がこないかぎり、気にしないのが私の癖のようだ。私には、むしろ、唐牛の心の虚無のことが、自分もまたそうしたものをかかえていたという背景もあって、思いやられた。四・二六における唐牛の果敢ぶりをきいたとき、それが彼のふかい絶望の証しであると察せられたのはそのためである。

それゆえ、彼が革共同への移行を率先したのは、ながいあいだ、私にとって不愉快な事実であった。限界的な組織としてのブントにおける最も限界的な人間として、唐牛の政治生命はブントとともに終るべし、というのが私のひそかな物語であった。私自身もまた、書記局トロイカのいわば弟分にふさわしく、その物語にのっとって行動する腹づもりでいたのである。

六一年の正月、清水が札幌の我家にやってきて一週間ほど泊っていた。清水も私も、政治についても個人生活についても、なんの展望ももちえず、ほとんど陰惨といってよい有様であった。唐牛がちょっと顔を出したが、学生運動における新権力となりつつあった革共同への移行を実現している最中のこととて、意気揚々の感があった。はっきりいえば、傲慢の風情があった。

東京へ帰る列車が偶然に同じで、清水と私が座席がなく立っていると、唐牛と篠原浩一郎が食堂車にでもいくのか、とおりかかった。私は「よお、唐牛」と声をかけたのだが、二人はお前らなんぞ歯牙にもかけぬといった調子で、見向きもせずに通りすぎていった。たしかに、清水のことはいざしらず、私については歯牙にかけるほどのものではなかったようだ。あえてそのようなものになろうと決意した矢先でもあった。

私は清水にたいして「政治的に生き延びようとするなら、革共同にいくしかない」という話はしていた。そのころの清水は変に私の直観を評価するところがあったので、私の仮定法の話も参考材料くらいにはなったのかもしれないが、間もなく彼も革共同への加入を決心した。

私はといえば、すでに五九年の春、ブントに厭気がさして革共同に加入してみようかと思ったことがある。革共同の連中が四、五人、駒場の矢内原公園に集まってくれており、そこに向おうと駒場寮を出たところで、清水に遇った。清水は、誰しもの胸襟を開かせずにはいないような、あの人なつっこい笑顔で近づいてきた。「この男と訣別したら、あとで後悔することになるな」と咄嗟に判断して、私はブントにとどまった。革共同の人々が呆れ、怒ったことはいうまでもない。そんなこともあって、六〇年のあと革共同にいくことなど私の念頭を横切りもしなかったのである。

清水は私の会った人間のうちでもっとも純粋な政治人間であるから、彼が革共同にいったことに不思議はなかった。しかし唐牛については不可解なものが残ったのである。彼自身にとっても不可解だったのであろう、一年かそこらで革共同をやめ、清玄事務所に転じた。結局、唐牛の革共同加入について私の思いつくのは次の二点である。

ひとつは、唐牛がまじめな人間だったということである。彼は、せめて一度くらいは、共産主義、革命、組織といったような事柄について自力で理屈づけ、自力で方針を提示しながら行動してみたかったのではないか。青木によれば、「あのころの健太郎は毎日机に向って真剣だった」と和子さんがいっていたそうである。プロ通派にはなにかをまともに考える力はもうなかった。東大本郷を中心とする革通派（革命の通達）は、宇野弘蔵の経済理論に依拠しながら、革命についての空論を通達していた。唐牛が革命についてまじめに考えようとしたら、とりあえずの寄る辺を戦旗派そして革共同に求めるしかなかったのであろう。

ふたつめは、平凡なことだが、唐牛はひとりぼっちになるのがこわかったのではないかという点である。北大はすでに除籍になっていたし、彼の生きる基盤は、さしあたり政治的に延命することだけだと考えられたのではないか。また、全学連の委員長ともなれば、私の選んだような虫のように生きるやり方を採用するわけにもいかなかったろう。そしてここでも、帰ることのできる家族すらないという感覚が意識の底に流れていたであろう。だが、どんな動機があったにせよ、革共同が唐牛の住処にはなりうるはずもなかった。要するに、組織の論理がつらぬく革共同はアクティヴ・ニヒリストとしての唐牛に最もふさわしくない場所だったのである。

七五年、紋別の唐牛の家で、夏にもかかわらずストーブを囲みながら、彼と私は例によって馬鹿話をつづけていた。真喜子さんと私の家族はもう寝入っている。彼は三日間の漁から戻った直後で、疲れのためであろう、いつになくはやい酔いっぷりである。私の方も、慣れぬオホーツクの気候のせいで妻と娘が喘息になり、その看病でへとへとといったところで、同じ具合である。

両者の心身がどろんと麻痺してしまったと思われたとき、唐牛が不意に、話の脈絡なしに、「俺、革共同にいかなきゃよかったよな。ありゃ、まずかったな」といったまま、じっと床をみつめている。私の錯覚かもしれないが、唐牛は泣いているようにみえた。私は一瞬、あれから一五年経ち、もうほとんど誰もことの次第など憶えていないのに、唐牛の時間は六〇年で止まったままなのか、とびっくりした。私が憶えているということを唐牛は知っていて、そういったのだろうか。それとも、革共同がふたつに割れ、中核派と革マル派が殺し合いをしていることについて、あのとき自分が革共同加入の旗を振らなければ、と悔いるところがあってのことだろうか。それとも、彼独得の潔癖で、アクティヴ・ニヒリストとしての自画像に小さな汚点がついたことを嫌悪したのだろうか。いずれにせよ、私のいえたのは「ありゃ、仕方がなかったんだよ」ということだけであった。

私たちが政治をやったといえるのはほんの一年かそこらなのだから、ブントや全学連を背負って生きる必要などなかったのだ、という気がせぬでもない。唐牛自身が、藤本敏夫との対談（朝日ジャーナル、八三年二月一一日）で、「大体、学生運動ってのは、たぶん、かなりくだらないんですよね」と認めているのである。また、司会者の「六〇年安保全学連は何を残しはったんですか」という質問にたいして、「そりゃ、何も残らんかった」と答えて、聴衆を笑わしてもいる。

そこまでわかっていながら、なぜ唐牛は記憶としてのブントや全学連を、しかも幻影としてのそれらを、ああまで執拗に引受けなければならなかったのか。それがあてがわれた役割の演技であることはすでにのべた。しかし、役割を取得する積極的動機が唐牛のがわにもいかほどかあったと考えるのでなければ、あの執拗さをうまく説明できない。

彼が意気がり屋であり、目立ちたがり屋であり、寂しがり屋であったということを動機に数えあげるひともいる。それはそうなのだ。しかし、紋別で一〇年間にわたり黙々と漁師をやりつづけたのはほかならぬ唐牛である。意気がるまい、目立つまい、寂しがるまいとする彼の努力もまた相当のものだったのである。夜の二時、三時に、たとえば花咲港の飲屋から電話がきて、ダミ声で演歌をうたっているというようなことも何度かあったが、それも数カ月ぶりに陸にあがった解放感のためとなれば、ごく通常の振舞といえる。

私は唐牛がインテレクチャルでありつづけたということに注目したいのである。信じていただけないだろうが、唐牛と私の会話はうわべは馬鹿話であったが、ひと皮むけば、おおいに知的なのであった。知性主義的な語彙や論理は極力回避されたけれども、おたがいに知力を総動員して馬鹿話を組立てていた、といってもそれほど誇張ではない。だから、先の対談で、「何かインテリがばかにされたような話が、藤本さんから出ましたけれども、私は自分では正真正銘のインテリだと自負しております」と唐牛はいったが、それは本気でそういっているのである。

彼はたしかに感覚的に行動する人間ではあったのだが、自己の感覚の流れ、揺れ、渦巻を観察するもうひとつ別の自己を手放すことがなく、そのもうひとりの唐牛がはっきりと知識人の風貌をもっていたのである。少くとも、知識人の重要な仕事がヒューマン・ネイチュアーを論じることに、つまり人性論にあるとするならば、彼は優秀な知識人であったといえる。

ただし、私のみるところ、唐牛が人性論をやるとき、その素材が六〇年をめぐる事件およびその関連に求められすぎた、という気がする。逆にいえば、彼は、知識人でありつづけるためには、六〇年にとどまらなければならなかったし、ブントや全学連にこだわらなければならなかった。私とてそうだということもできるが、正直いって六〇年は、知識人としての私にとって、二五分の一とはいわぬまでも、まあ五分の一の重みである。それが唐牛にあっては五分の四だったような気がするのである。彼は土方や漁師をやることによって人性論の素材をたっぷりと獲得したのだが、それは六〇年問題との対比においてて分類され分析されるのであった。六〇年を引受けることにおける唐牛の執拗さにはこうしたかたちでの知識人への志向が関係していたと思わずにはおれないのである。

真喜子さんによれば、死の何年か前、「西部みたいな学者と話しているのが一番気が落着く」と唐牛がいってくれたことがあるそうだ。私のことはどうでもよいのだが、こういう話をきいたときに私の思うのは、生活者として非知識人もしくは反知識人でありながら、知識人の精神で生きざるをえなかった人間のうちに蓄積される疲労のことについてである。自分の疲労を人前ではおくびにも出すまいと努める点で、唐牛の強靭さは群をぬいてはいた。しかし、そんなことをしても疲労がたまることに変りはないどころか、いっそう疲労が大きくなるのである。

私は、唐牛の癌はそうした疲労に由来するものと、半ば以上、信じている。まだ彼の癌が軽微だと考えられていた段階で、私は思わず、「癌が治ったら、もう面倒だから、まるごと知識人になっちゃったらどう」といったことがある。彼の返答は、予想どおりのもので、「馬鹿こけ」というものであったが。

彼の「ずれるスタイル」は自己主張の途であるとともに自己犠牲の途であったといえる。人それぞれこうした途を歩むものではあるが、唐牛の場合、その不可逆性がきわだっている。つまり、良いことか悪いことかそれは解釈次第だが、引返しようのない途だったようだ。その決定的な一歩は、やはり、田中清玄のところにいくことによって印されたのだと私は思う。

イデオロギーや組織やなにやかやにおいてあくまで嫡子の系統を重んじるのは政治の世界ばかりではない。世間一般が正統性を重んじることにおいて成立っている。世間は、唐牛の庶子的行動を許しはしなかった。その行動を批難しないとしても、清玄と結託したものという標識をはりつづけた。彼もそれを覚悟のうえで踏み切ったはずである。いや彼のみならず、ブントそのものが清玄からの資金援助を受けることによって、左翼政治の庶子としていつまでも記録されることだろう。この点でいえば、唐牛はここでもブントの宿命を背負ったのである。

すでにのべたように、私は庶子的行動にたいして、寛大というよりも好意的であるから、ブントや唐牛が切羽詰まって、少くとも詰まったと思って、清玄から金をもらったのだろうとしか思わない。しかし、近年になって何度か田中清玄という人と面談してみた結果、自分には折合えないひとだということがわかった。だから、想像してみるだけだが、もし自分がブントの資金担当者だったら、ちょっと違う行動をとったかもしれないと考えたりする。また、ブントにせよ唐牛にせよ、切羽詰まったと思うのが早すぎたかもしれないと思う。当初から切羽詰まったところにはじまった六〇年だったのだから、じっとしているのもひとつの手だったとも思われる。しかし、それが後思案だといわれればそのとおりで、それ以上、私のいうべきことはない。

なぜ清玄の問題にこだわってみたかというと、そのことに関連して、私自身に忘れられない小さな出来事があったからである。唐牛が宇都宮刑務所を出たあと、彼と青木と私の三人で渋谷のある酒場の止まり木に坐っていたことがある。当時の私は、いってみれば、切羽詰まった状態にあった。唐牛は私に「おい、お前いくとこないんだろ。清玄のところにこないか」と誘った。私は黙っていた。数分後、唐牛がトイレに立っているあいだ、こんどは青木が「おい、大学院を受けてみろよ。近代経済学の本を貸してやるよ」と勧めた。私は、またぞろ咄嗟に、青木の勧めに乗ることにした。いずれ実刑になると予想していたのだが、それまでのあいだ、勉強とかいうものをしてみたいという欲望が急に込み上げたわけである。

結局、奇跡のようにして私は実刑にならず、大学院を出て、学者になって、いまこのように非学問的な文章を書いている。もしあのとき唐牛の誘いに応えていたら、いまごろなにをしているのだろうか。

いや、架空の因果の糸をたどってみても致し方ない。ともかく唐牛は清玄事務所を振り出しにして、もはや引返しようもなく、逸脱者として生きつづけた。正確にいえば、それからはなにをしようとも逸脱者とみなされることになった。週刊誌ジャーナリズムが間歇的に元全学連委員長を追い、軽い揶揄をまじえて逸脱者の浪漫を二頁ものの記事に仕立てあげた。唐牛の方も逸脱者として、言動を提供することに便利を見出しはじめた。逸脱者は、それがひとつのイメージにまとめあげられるならば、それなりに社会のなかで流通するものだからである。

この方面において、唐牛はある意味で政治的に行動しつづけたといえる。世間が「逸脱者の浪漫」とみなすだろうような仕事に就きつづけたということである。たとえていえば、僻遠の地での土方はそういう浪漫を世間に与えることができるだろうが、都会における学習塾の教師ではそれができない。本人の好みもあるにはあったが、自己のイメージをめぐる世間との政治的駆引の要素もそこにはあったのではないかと思われる。

しかし実際には、清玄事務所を出てから彼のなしていたことはといえば、逸脱も浪漫もありはしなかったのである。仕事の規則や必要にひたすら忠実に従って働くこと、それが唐牛のやり方であった。とくに紋別における一〇年間の漁師生活は、社会の仕組に真正面から同調しようとする、健気といってよいような営為であった。世間がそれを逸脱のポーズとることとは承知のうえで、彼は修行者のような面持で働いていた。世間のみならずブント関係者のほとんどがそのことを知らない。

しかし、その漁師も二〇〇海里問題の余波で罷めざるをえなくなり、それから母親の死を看取ったあと、彼は上京してきた。彼の上京を歓迎する集まりがあったとき、彼は私の耳元で「勘弁してくれ。北海道で完全に乾上っちゃってな」という。私が勘弁するもしないもない話だが、またしても餌に飛びつくしかない破目になったことの報告なのであった。そしてその報告をきいて私は、まさか彼の死までは予感できなかったが、かすかに不吉なものを感じていた。

これで唐牛健太郎のことをおおよそ語りえたと思う。つまりは、彼は彼で、吾は吾で、どうしようもなくこうなってしまう仕儀だったという平凡な話におわるのかもしれない。ただ、私の六〇年以降の人生において、いままでは、ずっと唐牛の姿がみえていた。それは、近づいたり遠ざかったりしながらも、つねに私の視界のうちにあった。彼の生活や彼の政治が私の人生に影響を与えつづけてきたことは疑うべくもない。ということは、唐牛が故人となってしまったこれからは、私の人生の風景が変るということである。私の記憶力そして想像力の限界からして、彼の姿が少しずつおぼろになってゆくと予想されるからである。

しかし、死の間際における唐牛のあの顔は、ひょっとして、「俺のことを忘れてくれるな」という要求だったのではないか。そうだったと思いたい。そうでなければ信友の間柄とはいえないからである。死ぬのも大変だったろうが、生きているのも大変だという次第である。

第二章　優しい破壊者——篠田邦雄

篠田邦雄という人間の存在を私がはじめて知ったのは六・一五事件の裁判においてである。身長一七五センチ、体重八〇キロという当時では巨軀に属するものをもっていたこの被告人は、その精神の優しさという点でみても、大いなる男であった。二三人にのぼる被告団に退廃と焦燥と分裂が押しよせるなかで、篠田のいるあたりだけは明朗であり、そこには、当時ではきわめて得がたいものであった寛容の気分が漲っていたのである。

おそらく誰よりも遠くまで退却してしまうことによって身を治そうとしていた私にと

っても、彼のかもしだす雰囲気に接するのはいわば旱天で慈雨にあたるの感があった。その悠揚とした語り口と僅かに羞恥をまじえた快闊な笑い顔とによって、篠田は六・一五裁判という本来深刻たるべき政治劇を陽気な社交劇に変えてしまったということができる。正確にいえば、彼のそうした意図せざる体質的な企てとでもいうべきものに、被告人の多くがすすんで同調したわけである。

検察当局は、たぶん裁判闘争の激化を懸念してのことであろうが、安保闘争の指導者というよりも追随者を少からぬ数で被告人に仕立てていた。それだけでも被告団の政治的意志統一は困難になる。そこにブントの解体という事情が加われば、被告団のなしうることは〝待つ〟ということの一事である。どんな判決であれ、判決が下るのを待つのが私たちの唯一の仕事であった。被告人たちの総てとはいわぬが大多数は、各自の行先がてんでんばらばらであることを認めたうえで、裁判という名の待合室で判決という名の列車がくるまで、四年間にわたって、同席していたのである。この待合室にはともすれば沈鬱の気配がただようのであったが、篠田がいてくれたおかげで、談笑が絶えるということがなかった。そしてそれは、ブントのひとつの特質である精神の陽気さをよく代表してもいた。

山田鷹之助裁判長が全員執行猶予という異様に軽い判決を宣したについては、篠田を筆頭にして私たちの示した不統一と、それにもかかわらず維持しつづけた陽気さとに呆れはてた結果なのではないかと私は推測している。検事も呆れている模様ではあった。しかし職務柄としてそのまま済ますわけにもいかなかったのであろう、私は北小路敏と加藤昇とともに量刑不当の理由をもって検事控訴され、高裁に送られた。

それ以来、私は篠田に会ったことがなかった。ときたま彼の消息の一端を風の便りで耳にすることはあっても、とてもその全貌をうかがうまでにはいたらなかった。だから、唐牛が上京してきた折、ほぼ二〇年ぶりに篠田と再会したとき、私はその顔相の余りの変貌に驚かないわけにはいかなかった。

糖尿病の悪化と腎臓病や網膜炎や狭心症やといった類の余病の併発のため、顔色はどす黒く沈み、少し陽が翳れば足元もおぼつかない視力である。私たちと冗語を交す際には、往時の軽快さが暫しのあいだ戻りはするものの、やがて鉛のように重い疲労が彼の全身をつつむ様子である。本人の言によれば、四年前に、「やるべきことはやっておいた方がよいと医者にいわれた」とのことである。したがって、篠田が唐牛の看病のためにがんセンターへ日参したについては、星山保雄のいうように、「自分の死をみつめる」という動機もずいぶん作用しているに違いないのである。

篠田は、つい最近も発汗作用が止まって入院するという事態になっているのであるが、それにもかかわらず、生来の活力をふりしぼって、死に吸い込まれていくのを回避するのに成功するだろう、と私は信じている。死を凝視することによって死を克服し、さらには生の確固たる意味をふたたび把握するだろうと信じている。そう信じる以外に私のできることはといえば、この二〇年間にどんな軌跡をたどった挙句に篠田が生死の臨界線にまで近づいたのかということを記すことだけである。

世間に知られることの少いこの男は、私の眼からみれば過度にナイーヴであり過度にエンシュージアスティックだといいたくなるくらいに、ブント潰滅のあともなおもブントの一員たりつづけようとして、あらゆる政治党派との暗闘もしくは私闘をくりかえしていたのである。六〇年の春に点火された過激な情念のほむらは、篠田の場合、その巨軀にふさわしく、二〇年間に及んで燃え盛ったようである。

篠田にとってのブント、それは彼自身を焼き尽す劫火であったのだろう。今、どうやらその火も消え、彼は静寂というものをおそらく人生で初めて体験しながら、灰の中から起ち上ろうとしている。その姿もまたブント的精神のひとつの典型といえる。私ならばてっとりばやく数年でお仕舞にしてしまう転換過程にたいして、篠田は四半世紀を投入し、それゆえに物語るに足る典型となりえている。左翼過激派との確執、右翼人脈や警察官僚との交渉などをはじめとする彼の活動の多面相は、上辺でみるかぎりいささか怪人じみた趣をもって、ブント残党の多くが辿らなければならなかった人生の際疾さを浮彫にしている。それは、ある種の純乎たる精神を守り抜くためには汚辱にまみれることもあえて厭わないというやり方によっておのずと紡ぎ出される、悲喜劇の一本の長い系列のようなものである。

六〇年当時、篠田は明治大学工学部の学生であった。私より一学年下で、したがって五九年の入学である。ということは、入学後半年にして安保闘争の昂揚局面にぶつかり、そのまた半年後には闘争のクライマックスを味わったということである。運動の浮沈がめまぐるしく継起する時期にあっては、一年の時差が人間の視角に小さくない差異を及ぼすことがある。私には風船が脹らみきって破裂するのにも似た空虚の到来とみえた六・一五事件が、篠田には充実の訪れと感じられたのである。

「明大の学生は狂喜ともいうべきダイナミックスの中で六・一五を迎えた」（資料・戦後学生運動5）と篠田は誌しているが、それはとりわけて彼個人にあてはまる文句であろう。「篠田の肉体主義」と仲間から評されるような独得の行動力をもって、彼は明大の工作隊を率いていた。そして明大の工作隊がブントにとって最も信頼しうる実行部隊だったのである。共産党の中核自衛隊を経験したことのある生田浩二は明大工作隊にロープ、マサカリ、ナタ、ペンチなどの調達を命じていた。首相官邸や国会のバリケードを破壊するためである。その結果、六・一五裁判で映された厖大な量の警察側フィルムに、あの童顔と巨軀とをもって、篠田が頻繁に登場することになる。

そうした自分の姿を彼は「理性から遊離した肉体として存在していた」、その「精一杯の理性は狂気のマスとして表現された」、と闘争の直後にのべている。己れの狂気を知っている以上は彼も正気のひとにほかならないのだが、いずれにせよ、二〇歳の若さで国家機構の中枢部にたいする物理的破壊の責任者になってしまった人間には、いわば肉体化された経験として、破壊の手触りめいたものが永く残存するのに違いない。この消しがたい経験にたいする自己否定と自己肯定のあいだを揺れ動くことをつうじて、篠田もまた平衡感覚を鍛えていたのではないか。そのせいか、彼には今現在も〝優しい破壊主義者〟とよぶのがふさわしいような自己矛盾的の風貌がある。

単なる活動家にすぎなかったものにこのような経験を強いたのはブントの酷薄さではある。しかし、安保闘争の末期において革命組織としてのブントはすでに解体も同然だったのであり、それがなおも旧左翼に抗しうる力量をもっていたのは、ブントが一般活動家のルースな集合体にまで良くも悪くも融解することによって活力を補給されていたからである。その意味で、篠田的な人物こそが安保闘争の主役なのだといえる。他党派が「お前ら、武装ホウキでもする気か」とブントを批判すれば、「ホウキとは蜂起のことだろうか、それとも放棄のことだろうか、いや箒のことかもしれない」、などと冗談をいって自治会室の掃除をしてみせるのが篠田流である。

「マルクス貴族からみれば、俺たちなんか取るに足りない身だったのさ」と彼はむしろ誇らしげにいう。ついでに私も誇ってみせれば、東大には珍しいそういう類のものとして、私は明大ブントの人々に結構好かれていたのである。事実、六一年から六三年にかけて私が恥ずかしくも食うや食わずのていたらくでいたころ、宿所や金銭やの工面を助けてくれたのは、同じく六・一五事件の被告人であった明大の関勇であり、そして篠田なのであった。

国会南通用門であれだけ暴れた篠田が逮捕されたときの模様はいくぶん頰笑ましくすらある。彼は六月二三日の早朝、図面書きの宿題をやるために自宅に戻っていて摑まったのであり、察するに逮捕は予想外の出来事だったとみえる。それも無理からぬ話で、六・一五事件までは起訴を予定したうえでの逮捕はブントや全学連の中央組織のものにおおよそ限られていたのである。ともかく、このようにして一人の無名の活動家が突然にブントの名分を担った政治犯となり、年末に拘置所を出てきたときには、背負ったはずのブントが消失してしまっていた。

こうした場面の急転回にあたってどういう選択をするかはひとそれぞれであろうが、篠田は稀な水準で幻想を持続させて、それ以後もずっと明大ブントでありつづけようとした。六〇年という時点において状況にたいして引かれた接線のうえを彼は悠々とした歩調で進みはじめた。なぜそうしえたか。習志野に情愛に富んだ穏和な家庭があったこと、明大の生協理事として地位と収入を確保しえたことなどを挙げることもできようが、むろん彼自身の内的欲求もあって幻想の明大ブントにとどまろうとしたのである。先に言及した資料のなかで、篠田は「明大ブントは、狂気のマスとして自己を表現せざるをえなかったという意味で、知的に上昇する可能性として存在していたし、またそのかぎりでしか存在しえなかった」と認めている。つまり、私が自己のいわば擬似狂気のはてに下降と不可能性ばかりを予感していたとき、彼はそこに上昇と可能性をみようとしていたのだ。

篠田がみたのはやはり夢だったのだと私は思う。しかし夢みるのもひとつの力量であり、徳ですらある。ことの真偽でいえば私に分があるだろうが、善悪や美醜の面では彼にだって言分があろう。ブント的精神をひたすら実践して四半世紀を閲した人間にたいして、かつての同志たる私は、まずもって素直にシムパシーを感じるべきなのであり、そうでなければ徳において欠けることになる。

篠田がブントでありつづけるということは、マルクス主義以外の様々の過激性をも、アナーキズムであれブランキ（一揆）主義であれネチャーエフ（陰謀）主義であれ、一身に引受けるということである。しかし、彼が具体的になにをなしたかについては詳らかにできない事情もあるし、また、一匹狼風の方法によってできることは高が知れているともいえる。たぶんそんな次第で、篠田が自分の過去を語る仕方にはいつも自己戯画化を含んだビッグ・トークの調子がこもるのであろう。

「六二年には授業料闘争をやったなあ。関と片山修と俺の三人で明大の完全封鎖をやったんだから、まあたいしたもんさ。〝全責任は篠田個人がもつ〟というビラを出したら、協力者が増えたがね。体育会に頼んでスト破りをしてもらってどうにか闘争は収めたんだが、俺は退学処分をくらった。そのあと、山中寮で遊んでいたら、全日空のパイロットが溺れていて、それを助けたことがある。そんなこんなの善行が認められて復学し、農学部に学士入学したんだ」。

「六三年には日銀デモをやった。あのころ大正炭鉱闘争というのがあっただろう。大正炭鉱のうしろには福岡銀行がおり、福岡銀行を支えているのは日銀だというわけで、三〇人くらいで日銀に躍りこんで、カウンターに跳び乗ったら、行員たちは銀行強盗がきたと思ってみんな手を上げてたよ」。

「六五年にはアメリカ大使館にデモをかけた。アメリカがヴェトナムを侵略しているんだから、眼には眼をの論理で、俺たちはアメリカの領土を侵略しようとしたのさ。最初は〝飛行機でアメリカに着陸せよ〟という方針で臨んだんだが、切符を買う金がなくて、その方針は挫折した。それで大使館で我慢することにしたんだ。大使館の塀を乗り越えようとしていたら摑まって、小型トラックに放り込まれた。あれは警視庁じゃなくてCIAなんじゃないかなあ。気がついたら港北ニュータウンのあたりに放り出されていた。事情も知らずに、外国権力とかかわるのがちょっと恐くなり、そのあと農学部の実験助手補になって学校農場の作業員たちを管理する仕事を一年ばかりやっていたんだ。いい小母さんたちだった」。

「六七年には生協の専従に戻り、反日共系の大同団結をやって労組の書記長に収まった。三原則というのを作ってね、①共産党はかならず粉砕する、②革命が起こるまで総会は開かない、③剰余金は篠田が自由に使っていい、というわけさ。この原則に則って、全共闘相手に札束外交に入った。俺は、金が通り抜けていく巨大なザルみたいなもんだ。俺のことを〝日本のミコヤン〟というやつもいたが、生協の業績がどんどん上っていたんで、問題は起こらなかった」。

「同じ六七年にブントが再建され、そして三派全学連ができた。俺は第二次ブントには加入しなかったが側面からの援助は約束したよ。明治の斎藤克彦が第二次ブント代表として三派の委員長になったんで、お祝儀として明治で授業料闘争をやった。大学当局との暗黙の了解の下にやった闘争だから、最後にボス交でけりをつけたんだが、中核派の清水丈夫がボス交はけしからんといって騒ぎ、それに第二次ブントの服部信司が同調して、もう滅茶苦茶さ。中核派は自己の利益のためにそうしてるんだからまあいいようなもんだが、第二次ブントが委細承知のくせに俺を裏切者よばわりするのには腹が立った。〝第二次ブント立入禁止——署名・第一次ブント〟という垂幕を下げて、明治は鎖国体制に入ったんだ」。

篠田の二〇歳代はこの種の話の連綿たるつながりから成立っている。実話と法螺とをまじえて話すのが彼の癖のようなので、後者の比重が大きい話は紹介するのをさしひかえた。また、暴力や策略やをめぐる惨い話がたくさんあるにもかかわらず、篠田はそれらを隠しているとも推察された。しかしむしろ、愉快な法螺話によってそれらを昇華させてしまおうとするところに、彼の寛容と陽気がいまだ健在であることの証拠をみる思いがする。だがそれにしても、確固たる理論もイデオロギーも組織ももたずに、というより、そうしたものをもとうとする欲求すらもたずに、なぜ左翼政治にたいする介入の姿勢を持続しえたのか、私には奇異に映った。そのことを率直に質してみたら、彼は即座に答えた。

「シミタケとの私闘ということかなあ。革共同との暗闘ということかなあ」。シミタケとは清水丈夫のことである。この六〇年当時の全学連書記長は、ありていにいって、とくに私大系のブント構成員に顕著であった任侠の気分を象徴する人物である。清水そのひとが正確にどういう資質をもっていたのか、改めて考えれば不明確なものが残るのであるが、ともかく、ブントは任侠の倫理を必要としており、清水にその代表者の役割をあてがったことは間違いない。任侠といってセンチメンタルにすぎるというのならば、決断主義といいかえてもよい。不利な状況のなかでも、理屈より倫理の筋を重んじて速やかに決断し、ひとたび決断したことについては精力をそそぎこむという態度である。

清水はそうした態度を代表することによってブント内で幅広い支持をうけていたのである。

篠田もまた清水に魅せられたもののひとりなのであろう。明大ブントそのものが清水の肝煎りで結成されたものらしい。五九年の夏、清水は明大の和泉分校に現れて、比較的に若手の活動家を集めてはソフトボールばかりやっていたという。篠田によれば、「ブントがなにものであるか清水からは一言もなかったが、拡大共産党会議をひらいて、三分間でみんなブントに入った。ブントという名の野球チームができたわけだ」という次第である。

むろんこんなことは冗談であるが、篠田がこころひそかに清水のことを精神の支柱に、少くともその一本にしていたことは疑いえない。したがって清水の革共同入りは篠田にとって容認しがたい事実であった。篠田の想像していたブント的精神は革共同のそれとは大きくかけはなれるものだったからである。その落差は清水との私闘によってうめ合わされるほかなかったというわけであろう。

「六一年に両国公会堂でなにかの大会があったあと、清水を隅田川に投げこもうとして星山と一緒に担ぎ上げていたら、唐牛が見逃してくれと土下座せんばかりに謝るんで勘弁してやった」と篠田はいう。この話は本当かどうか私は知らない。明らかなのは、ブントの崩壊の仕方について篠田が肯んじられないものをつよく感じていたということである。彼は寛容のひとであるから、清水であれ誰であれ、他人の挙措を口喧しく穿鑿するのが本意ではあるまい。おそらく、清水との私闘というのもひとつの比喩にすぎないのである。

篠田が真に不満であったのは革命もしくは叛乱のイメージをブントのほとんどすべてがあっさり捨てたことだったのではないか。篠田の思う革命や叛乱はマルクス主義のそれとは縁もゆかりもない。「マルクス主義者であったことは一度もない」と彼がいうのは、マルクス主義も抑圧であり秩序であることを知ってのことである。いっさいの抑圧から解放されるために不断に叛乱をくりかえす、これが彼の固執しようとしたイメージである。彼とてそんなことは実際には不可能だと知ってはいた。しかし、イメージはそれ自身の生命力をもっている。それを人工的に頓死させるのではなく、自然死の訪れるまで待てというのが彼の提案なのだと思われる。

私のイメージは篠田のとは別様であるから、その生き方にたいし具体的内容に及んでまで賛意を表わそうとは思わない。ただ、若いときの経験が断じて消去できないものであること、経験をひきずってしか生きられぬものであること、少くとも欺瞞を避けようとすればそうであることを、端的に表象してくれているという点で、篠田は私にとって貴重な存在である。私は経験をかかえて退却し、彼は経験をかざして突進した。極度に対照的な生き方ともいえるが、時間がひとめぐりすれば、背中合わせに立っているような気もするのである。しかしそのことを確認する前に、彼の突進ぶりをもう少し追ってみよう。

　六七年、最初の糖尿病の発作に見舞われる。加えて「全共闘とはどうもしっくりいかない」という関係にあり、彼の活動は過激派政治から離れて生協運動の方に移る。

「七〇年ごろ、主婦相手に自然食品運動をはじめてね。女ときたひには、自然とくれば〝青い鳥〟を思いうかべるだろう。自然とともに生きるのはそんなに生易しいことじゃないし、それに既成の企業体制と闘うのだってしんどいよ。それで〝青い鳥を焼鳥にしよう〟というスローガンを押し出して、あれは大成功だった」。

「七一年あたりから地域生協づくりにとりかかり、三多摩や江東区に入った。後藤田系統の革新官僚と喧嘩したり仲直りしたりしながら、生協とからまらせて市議会選挙をやったり地域病院の建設運動をやったり、それからの四年間というもの日々是充実の毎日さ。ところが充実しすぎちゃって、極左実験の方針を出しちゃった。職員の給料は生協であずかる、生協は自動車を売って儲けるかわりに、その他の品物は原価販売するというようなひどい方針でね。俺は〝ポルポトに負けるな〟といって頑張ったんだが、反対に、ポルポト＝篠田を追放せよということになり、俺と仲のよい若い連中も〝世界征服戦はもう諦めて下さい〟といいはじめて、めでたく追放された。規定の三倍の退職金をもらったんだが、生協が俺の名前で借金したのを差引かれて、結局、百万の借金が残った」。

「そのころ、まあ俺の友達の部類に入るXとYが滝田事件がらみで埼玉県警に籠絡されて、俺もしょっちゅう尾行つきさ。狭心症の発作がおこったりしていたからまったく元気とはいかなかったが、多忙な毎日ではあったなあ。それに神奈川県警のことも尾を引いていたしね。七三年ごろ、川崎のS病院が過激派の連中を引受けていて、警察やスパイが入り乱れてすったもんだがあったんだ。土田邸爆破事件の余波もあるし、肉弾戦やら神経戦やらで、まあ心臓には響いたようだ」。

篠田は七〇年代前半にすすんだ新左翼の混乱さらには退廃のまっただなかにはいなかった。いわゆる内ゲバへの関与も、被害者としてであれ加害者としてであれ、小競合いていどですんだし、警察との関係も大事にはいたらなかったようだ。篠田をめぐって人間関係や金銭関係が蜘蛛の網目のように複雑にからみあっていたのに、彼はその網のうえを、まるで彼自身が巨大な蜘蛛であるかのごとくに渡り切ったの感がある。危険地帯と安全地帯のあいだの塀のうえを歩いていたが、よく平衡を保ってそこから転落することはなかったのである。特定の政治党派に真底から加担するのを避けたためにそれが可能になったのであろう。本人の表現によれば、「篠田軍閥」を指揮して新左翼政治のなかを遊撃していたわけである。いわば意図的な時代錯誤によって第一次ブントにこだわりつづけるという篠田の体質は、周囲に違和感をかもしださずにはおかず、その違和感が防御膜の機能をはたしてくれたということなのかもしれない。

六〇年ブントは彼にとって活動の起点であるとともに安息の定点でもあったのだと思われる。六〇年にかんする記憶が彼の精神に落着きを与えたという観念上のことにとどまらず、生活上も、当時から継続していた小さな交際圏が苦境に陥ったときの精神の避難所なのであった。東大助手の長崎浩は、その篤実な人柄と該博な知識とをもって、篠田の生き方にたいし貴重な指針を与えたであろう。石井暎禧は、大病院の経営者兼医者として、篠田の物質的および肉体的の危機に際し、必要な手続きをとったであろう。そして、かつて六・一五事件の被告であった星山保雄は、その後ある会社の社長業務に専念しながらも、篠田の無二の親友として、心配を怠ることはなかったであろう。こうした友人に支えられているという思いをもつことができただけでも、過激派政治の方面においては、有難いことといわなければなるまい。

篠田は、ひょっとして、遊んでいたのではないだろうか。六〇年安保そのものが遊びとも馬鹿騒ぎともいえるものだが、彼の遊び心はそこで燃焼するほど小さくはなかった。というより、彼の場合、遊び心に点火したところで六〇年安保は終ってしまった。余勢にまかせて彼は遊びの延長戦をやり、古い遊びは次々と新たな遊びにつらなっていって、遊びの連鎖にはなかなか終止がおとずれない。しかし遊びに熟練してくれれば、適当な安息所が準備されているかぎり、遊びの長期戦にも付合えるようになる。ひと誰しもの長い人生が、本質において遊びの連鎖なのではあるが、大概は、職業的なまじめさによって隠蔽されてしまって、その本質がみえてこない。篠田は、ほとんど稚気とよぶのが適切なような素朴さで、遊びつづけたのではないか。

真剣な遊びは、非日常的な領域において営まれるだけではなく、厳格なルールに従おうとするものである。社会の規則を逸脱するのが過激派政治ではあるのだが、それにもかかわらず、篠田のルール意識にはどこか桁外れに強烈なものがある。仁義といういささか古めかしい様式においてではあるが、社会的階梯において同位にあるものたちにたいする温情と異なった位階にあるものたちにたいする義務の意識が彼をとらえている。したがって、その遊びの精神は放縦放埒とはむしろ対極にあるのである。

たぶんそうした自意識をさして、「俺は軍人として行動したかったんだ」と篠田はいっている。

「やむをえず若いもんを使ってきたが、本当は他人に使われたかった。父方の親戚はみんな海軍だったし、母方は陸軍だ。自分を空しゅうして仕える血筋なんだね。六〇年のときからずっと親分をさがしていたんだが、結局、誰も俺を使ってくれなかった。金と組織のつくり方についていろいろ技術を売出したんだが、買うのは通りすがりのお客さんばかりで、俺を子分にするようなやつはいなかった」。

親分をみつけることができず、そのうえ生協の子分からすら見放されて、この軍人志願者もさすが浪々の身になりはてたのかといえば、ひとたびとりついた仁義のしがらみはそう簡単に消えるものではないようだ。真剣に遊ぶのに必要な心身の張りは、七〇年代の半ばから急速に失われつつあった。今度は、遊びのメカニズムが篠田の心身をかみくだく番である。

「第二次ブントとのつながりが残っていたから、心臓が悪いのではい左様なら、ともいかなくてね。七〇年代の初めに〝ブント特赦令〟を出して、若いのを引受けていたんだ。いろんな党派との接触も復活した。彼らも、生協から捻出する俺の金や地域住民運動にかんする俺のノウハウが欲しかったんだろう」。

「七八年かなあ、万博用地の谷田部にほとんど不法占拠のかたちで住み込んで、紫山学塾というのをはじめた。県庁や政府は〝第二の成田〟を恐れる。そのころから内務官僚との折衝が激しくなって、第一の成田の方でも動きまわることになった。右翼の四元義隆や政府高官のMやKと会ったり、心ならずも親分風を吹かさなきゃいけなくなった。俺の基本線は〝政府は土地収用法の乱用について正式に謝罪し、一度白紙にもどしてから再出発する〟というものだった。放火犯という重罪で裁判にかかっているものたちをなんとかして救うための手立という趣旨もちょっとあったんだ。俺の考え方も、革命的ナショナリズムというか農本主義的なものに近づいていたものだから、四元が〝君も僕たちと同じようなもんじゃないか〟といってたね」。

「七九年の初夏に、政府とのあいだに協定書をつくる準備がすすみ、松本礼二と俺は折角だから六・一五協定となるように日程まで選んでいたんだが、最後の詰めがうまくいかなくて話は御破算になった。中核派が協定そのものを裏切よばわりして、〝松本と篠田を完全殲滅せよ〟と叫び立てた。俺たちのいえることは、殺してもらおうじゃねえか、ということだけさ」。

すでに指摘したように、篠田の話はしばしば虚実ないまぜにして語られるので、真相が那辺にあったのか私には測り切れない。ただ、そのままいけば死線を越えるだろうほどに、心身をすりへらしたのは確かである。そういえば、七〇年代の後半、『遠方から』と題するパンフレットが篠田からときどき送り届けられていた。私はろくに読みもせずに打捨てていたのだが、彼は実際に、私などにはみやることのできない遠方まで行ってしまっていたのであろう。

その旅程が余りにも長すぎたことを批判するための論拠は私にだってある。たくさんあるということすらできる。しかし、ここでそんなことをするのは賢しらというものである。どだいが、「篠田という奴は途方もない馬鹿だと書いておいてくれ」と頼む人間にむかってそんなことをするのは、私の仁義に反する。

そうでなくても、私は篠田にたいしてすでに悪いことをひとつしている。「唐牛のことを頼むよ」といったのは私である。私がいわなくても篠田はそうしたのであろうが、ともかくその後、彼は街中を伝い歩きする有様で、唐牛の入院から葬式にいたるまでをとりしきっていた。徳田虎雄の選挙運動に唐牛の代理として、「俺は戦艦大和だ、徳之島沖で沈没だ」といいながら、紫山学塾の若者の背におぶさるようにして南島にむかったのも彼である。「俺が死んで唐牛が生きればそれでよい」と本気で考えていたというのだから、やはり、「篠田という奴は途方もない馬鹿だ」といわなければならないのだろうか。

このように篠田の政治遍歴をなぞると、社会の通常からおおきく偏倚した人物像ができあがってしまう。一般に、過激派政治は尋常ならざるものを招きよせやすいのであり、そんな場所で独立愚連隊ふうの活動をつづけたとなると、まず普通の人間ではないだろうと思うのが自然である。しかし実際には、コモンマンつまり通常人として篠田は出色なのだといってよい。少くとも資質としていえば、生活の智慧のようなものが彼には備わっている。理想と現実、義理と人情、権威と金銭、慣習と独創などのあいだで平衡をとる術に長けているのである。しかも、その平衡感覚がごく穏和な社交の形で表現されるのである。彼のまわりにひとが集まるのは、そのコモンマンとしての風格にひきつけられてのことと思われる。過激派政治の流れに長年月さらされることによって、その風格にも深い亀裂が生じているやにもみえる。だが、少くとも私と接するときの篠田は、自己崩壊の危機によく耐えているのである。

私はむしろ、この大仏にも似た男が、どんな経緯があって阿修羅に変じたのかと、不思議に思う。彼はまったく健全な中産階級の出である。そのことは、六二年ごろ、篠田の生家を何度か訪れたことがあるので見当がつく。私は彼の母堂に下宿をみつけてもらい、おまけに、ときどき夕食までご馳走してもらっていたのである。慈母という形容がぴったりあてはまる彼女を前にして、「御心配でしょうが、僕たちの前途は洋々ですから、安心のほどを」などと馬鹿をいう以外に、私は振舞い方を知らなかった。赤面すべき記憶ではある。ともかく、篠田は過不足なく健全な家庭の長男なのである。

誰についてであれ、人生における因果系列など正確に追えるわけはない。ただ、彼と私が同じ一四年生まれであるということが、私にはずっと気がかりであった。軽いものだが、世代的共感があったのである。世代論をふりまわす気はないし、一年や二年の世代差にこだわるのは微視的にすぎるとも承知している。だから、彼にたいする世代的共感というのも、自己を他者に投射するというおなじみの心理機制にすぎないのかもしれない。しかし、世代論を持出したくなるほどに私たちの少年期のあり様が類似しており、ひとまずそれを糸口にして篠田の肖像を描きたくなるのである。

私たちは敗戦のただなかで教育過程に投げ込まれた。記憶に定着するものとしての自意識が学校教育の開始とともにはじまるのだとすれば、私たちの自意識の誕生を祝福してくれたのは国家的規模における混乱であった。混乱をそれとして認識するための秩序の基準は私たちには与えられず、それゆえ、混乱は私たちの精神の原風景なのだといってよい。良くも悪くも、敗戦期の混乱を懐旧の念をもってしか語ることができないのは、それが精神形成の出発点をなすものだからであろう。とくに篠田の場合、千葉船橋に育ったために、その原風景も色鮮かなようである。

「不発の焼夷弾を拾って、中の燃料をとり出す。それをどれだけうまくやるかで子供たちのステータスが決まったんだ。俺はまだ小さかったから拾い役だった。焼夷弾が爆発して何人もの子供が死んだ。三月の大空襲のあと、おやじの給料をとりにおふくろと一緒に丸の内まで歩いていったこともある。亀戸まできたら、一面焼け跡で、丸の内まで見とおせた。死体があちこちにころがっていたが、あんなもんにはすぐ慣れて、平気だった。米兵の落下傘が木にひっかかっていたこともあるなあ。そいつがケンペイ、ケンペイって叫ぶんだ。あとでわかったんだが、民間人は竹槍で殺してしまうが、憲兵なら殺さずに収容するというわけさ。そこまで情報を掴んでいたんだから、アメリカはすごいよ」。

私は北海道にいたので、このように激しい状況を目撃してはいない。それでも、近所に日本軍の弾薬庫があり、米軍機が飛来したり米軍が駐屯したりしたので、連想がはたらく。いずれにせよ、自分らの精神がやっと開眼したとき、そこには米軍がおり、そして米軍の前でまず逃げまどい、次に駆けよる日本人たちがいた。それが社会というものだと知らされ、篠田は銃撃を避けるために墓場で遊んでおり、私は墓石のすきまから生えてくる食用タンポポの甘味を楽しんでいた。篠田は駐屯地にもぐりこんで戦車を壊し、私は火薬を盗み出して花火を楽しんでいた。

当時の少年たちはみな似たようなことをしていたのであろうが、私たちにとって、それが原初の経験になっている。原初のものであるため、それが異常だとはしかと感じられなかった。ふたたび経験したいとは思わないが、それらを想い起こすたび、少々甘美な気分が込み上げるのを抑えることができないのである。

こうした経験が原因になって私たちが過激派に属した、などと馬鹿げたことをいいたいのではない。自分たちの逸脱行動をひろいながら過去へと遡及してみたとき、その終局に敗戦の混乱があるというにすぎない。しかし、人間が歴史的動物なのであってみれば、自分の人生に物語を与えるほかなく、そして物語の筋書としてはやはり敗戦からはじめる以外にない。もっといえば、このようにして構成された物語を追体験するのが人生の本質だという意味において、敗戦の混乱は私たちの人生を方向づける原因だったといって間違いではない。

混乱は次第に収束させられていった。しかしそれは、子供心にもお粗末とわかるやり方によってである。極東裁判の判決が出たとき、篠田は、「東条が悪い」という路線を敷かれたうえで、作文を書かされたという。彼はそれに反撥する文章を書いて、母親がよび出された。私はそれほど知的に早熟ではなかったとはいえ、極東裁判が一種の復讐劇であろうとはおぼろげながら察しがついていた。左翼教師たちの反体制的言辞は、そのうわずった物言のなかに、虚偽がにじみ出ていた。

そのせいか彼も私も、回れ右と命令されれば左を向いてしまうような反抗癖をもっておりながら、高校を卒業するまで自分たちのことを左翼少年だと意識したことがない。それどころか、いわゆる「アカよばわり」にたいしても、その粗暴さを嫌悪しはしたが、なにほどかの説得力を感じていたことも否めないのである。要するに、様々なる混乱と欺瞞にそのつど批判的に反応するのが私たちの未熟な生のほとんど総てであった。秩序も真実もその不在ばかりが目立ったのである。

ブントに入ってからも事情は同じである。共産党と密接にかかわったという経験をもたずに過激派になった最初の世代、それが私たち一四年生まれである。社会的反抗にははじめて自覚的にとりかかったとき、そこには左翼の混乱があった。左翼の秩序も真実も疑われてしかるべきものとされていた。その混乱のなかに素直に身を投げ出せば、かつて幼年期にそうであったように、またたくまに過激な行動パタンができあがるというわけである。とくに篠田の場合、六・一五の騒乱が左翼的であることの原風景といってよく、その残像が消えるのに時間を要したのであろう。

私のいいたいのは、世代の運命に沿って生きるのがコモンマンのひとつの特徴であり、そうならば、コモンマンの代表ともいうべき篠田が私たちの世代の運命である混乱を背負って不思議はないということである。より慎重ないい方をするなら、篠田の阿修羅のごとき異形のうちにも、戦後における価値や制度やの混乱をほとんど裸身でくぐりぬけざるをえなかった世代に独得の、正形をみてとることができるということである。その意味で、篠田はあまりに素直であった。彼が奇矯な言動を嫌う社交人であり、また物騒を嫌う家庭人であることを知っているだけに、その素直さの行き着いた先が私には残酷にみえる。

彼は天性の技術者的あるいは軍人的の気質からして、日常生活を組立てる面できわめて有能である。彼とくらべれば私などは無能者に近い。私は日常生活における自分の欠陥に気づき、それを訓練によって矯正するのに忙しく、非日常性に遊ぶ余裕がどんどん少くなっていった。読書や執筆の過程に遊びの要素がまぎれ込むのがせいぜいである。篠田の方は、過激派政治にまつわる非日常的な遊びに明け暮れしているうち、自分にとって本来の領土である日常生活を忘れ、さらには日常生活の基盤である健康までをも失ってしまった。彼はいま生活なき生活者として都会を彷徨しているのではないか。私は、心苦しい気分ではあったが、篠田の家庭のことを尋ねてみた。

「家庭ねえ、俺はまあ居候みたいなもんだ。女房は六〇年代のはじめにアメリカのパスポートをもって明大にやってきた沖縄の人間でね。南の方の男たちが酒だ博打だといっては遊ぶのをみてきているから、苦労するのには慣れているようだ。俺だってできるだけのことはやってるんだが、最近は体がこんな具合だから思うようにはいかないなあ。一人娘の成長を楽しみにしているって意味じゃ、ありきたりのおやじさ。それに、俺は居候ではあるが族長も兼ねているんだぜ。沖縄は大家族制だし、俺の方も家族仲がいいし、それで俺が嘉数家と篠田家を束ねる族長に就任したんだ。閑職ではあるがね」。

篠田は現在の自分のことをさして「暇な人」とよぶ。実情は、ある病院に売店をつくったり、私のような人間をよんで講演会を組織したり、友人の会社のトラブルを調停したりで、暇どころではないと思われるのだが、気持のうえでは暇なのであろう。この暇の感覚はいまにはじまったことではないらしい。なぜなら遊びの精神は、物理的にどれほど多忙であっても、心の余裕がなければつらぬきえないものだからである。

「俺は主体性という言葉をきくと虫酸がはしる。俺だってなんだかんだと主体的にやってきたことはきたんだが、その主体性が俺には重荷なんだ。主体性の喪失こそ俺のスローガンなんだ。俺はなにか偉いものの前で、凄いものの前で、ひれ伏してみたいんだ。どんなにかいい気持だろうと想像すると、わくわくしてくる。残念ながらそういうものにはまだ一度も出会っていない。でもいつか出会うかもしれない。主体性なんてのはそれまでの暇つぶしにすぎん」。

私はこの意見にほとんど衷心から同意する。とくに私の場合は教職に就いているので、スクール（学校）はスコレー（暇）のことなのだとずっと信じてきた。そして、その暇つぶしが、下らぬ遊びではなく、真剣な遊びになりうるためには、厳格なルールに従うことが必要であるのみならず、「偉いもの、凄いもの」にたいする恭順の姿勢がなければならないのである。篠田も結局は同じことを考えていたのではないか、と私は思う。

混乱のなかに発生した私たちの世代は、厳格なルールにも恭順の意を表すべき対象にもなかなか出会わなかった。しかも、まがいものが次々と交代してゆくのをまのあたりにしてきた。したがって懐疑主義は私たちのぬきがたい体質になっている。しかし懐疑主義に溺れてしまったら、そこに虚無しかないのは明白である。「偉いもの、凄いもの」の訪れを待つ構えだけは失うまい、それが私たち混乱世代のぎりぎりの信仰告白だといえる。

篠田との会話が面白いのは、馬鹿話そのものよりも、その最中にふっとまじめな話がとびでてくるところである。そんなとき、小学校から中学校までずっと級長でとおし、高校入試も千葉県で最高位だったという勉強好きの少年篠田の顔が彷彿とさせられる。彼の勉強好きはいまもつづいているのであり、視力が少しでも戻ると活字に眼がいくようだ。そのなかには私の書いたものもあって、いいコメントをさりげなくよこしてくれる。

つまり私の脳裡に焼きついている篠田の姿は昔も今もコモンマンのそれである。そのコモンマンが、過激派まで含めた意味での戦後の総体にたいして、いわばドン・キホーテ的の突進をくりかえした。私とてドン・キホーテになりたいと考えているものであるが、しょせん筆のうえのことである。彼はそれを実際行動で表現したのである。大仰ときこえようが、「けだかい人間であるためには、たいていの場合、いくらか気違いじみている必要がある」というセルバンテスの文句を篠田なりに実行に移したのだといえよう。しかし、かのラ・マンチャの郷士だって、最後には妄想からめざめて良識に帰ったのである。篠田もいっていた、

「唐牛が死んだのもなにかの節目だろうから、俺はひとりになるよ。手下たちの就職先もなんとかみつかりそうだ。俺はこんな体だし、長年の澱もたまりすぎてるんで、定職とはいかないだろうが、まあなんとかやっていくさ」。

この拙文をもって篠田の再出発を祝う次第である。

第三章　純な「裏切者」――東原吉伸

綺麗な織物も裏を返せば、そこには縫い目や綴じ目が醜く入りくんでいる。政治組織という人間の織物にもシーミー・サイドつまり〝縫い目だらけのいやな面〟がかならずあるものであって、東原吉伸はブントのシーミー・サイドに生きるという最も困難な役割を担わされた、あるいはすすんで担った人間である。衆目の一致するところ、彼はアンタッチャブルだとみなされていた。

ブント派全学連の書記次長として、さらには財政部長として、東原は様々に不浄な仕事を引受けていた。彼はブントをめぐる負の神話のまぎれもない主人公であり、そうした彼の姿が、人生や社会のシーミー・サイドにたいしてつよい関心をもつ私の眼には、おおいに魅力的であった。政治の悪しき面に生きた人間こそが、綺麗ごとによって表面を繕うという悪しき政治のカラクリを素早く見破ることができる。互いの接触はごく僅かであったにもかかわらず、東原が誠実な心情と鋭い眼力の持主であることを私は疑ったことがない。だから青木昌彦の次のような発言を断じて受け入れるわけにはいかない。

「唐牛のイメージを一変させる事件が起きたんです。一九六三年二月、ＴＢＳがラジオ・ドキュメント『ゆがんだ青春＝全学連闘士のその後』を放送し、〝全学連は右翼の田中清玄から資金を受けていた〟ことをスッパ抜いたからです。しかし、当時、全学連の中枢にいた者の一人として証言しますが、これは私が見た事実と違います。日共のスパイが全学連執行部の中にいて、唐牛と全学連主流派に意識的に暗いイメージを与えようとした謀略だったのです。そのスパイが誰かははっきりしているが、あえて氏名は伏せておきます」（週刊現代、八四年三月二四日号）。

共産党がこのＴＢＳ報道を最大限に活用したことは確かであるが、それに劣らず確かなのは、ブントが安保闘争の最中に田中清玄から資金援助を受けたこと、その責任者が東原であったこと、そして東原自身がそのことを暴露したことである。事件の中心に東原がいる以上、青木の想定するスパイがどこにいるにせよ、まず浮び上ってくるのは東原吉伸の名前である。実際、東原そのひとが、青木発言は自分のことを指していると思い込んでいる。私が訝しく思うのは、というより容認できないのは、青木発言もさりながら、その発言をブント関係者の多くが読んでいるのに、そして嫌疑が及ぶとすれば東原以外ではありえないのに、気にも留めないという事実についてである。

相も変らず、集団の穢れを東原の一身に背負わせるというのは、残酷にすぎる。彼を穢れのなかから救い出し、彼を浄めるための努力をなにほどかするのでなければ、とても元過激派とはいえない。アウト・カーストのかかえもつ沈黙の苦痛にまで配慮してはじめて、ラディカルつまり根底的といえるのだからである。

田中清玄の問題もＴＢＳ報道の問題も、事件の規模としてはとるにたらない話だとは承知している。またそれらがブントの穢れなのだとしても、そこにはほぼ已むを得ざる過程があったのだとも了解している。てっとりばやくいえば、東原は同志の保釈金を是が非でも集めなければならなかった。そして、そのことを契機にして生じたあれこれの穢れを自己浄化しようとしたとき、東原に可能であったのはさしあたり自己暴露にはしることだけだったのである。しかし、こうしたちっぽけな出来事の連鎖のなかにも、政治の本質を、ひいては人間の本質を、窺きみることができる。

少くともブント世代にとって、東原吉伸はひとつの重要な価値尺度であり意味尺度なのである。自分が彼とどこまで同質でありどこまで異質であるのか、彼が自分のなかにどれほど潜在しどれほど顕在しているのか、それらを確かめることによってみずからの思想の位相がおおよそ判明する。東原の人間像を素描してみることをつうじて、最もノートリアスで最もスキャンダラスな存在が最も確実な思想軸を提供してくれるというありうべき逆説について考えてみたいのである。

東原がブントの汚れ役を果たすことができた理由のひとつとして、その早熟ぶりを挙げることができよう。彼は私よりひとつ年長の昭和一三年生まれであるが、六〇年の時期にすでに六年間の政治歴をもっていた。その間に彼は、左翼政治における暴力や策略の種々相をたっぷりとみたのであるし、また、若々しい情熱がまたたくまに倦怠まじりの老練へと転化していく模様を、周囲においてのみならず自己においても、観察せざるをえなかった。そのような経験にもとづいてのことであろうが、六〇年前後、私のみた東原には〝ならずもの風〟をあえて吹かすところがあった。

たとえば、たぶん五九年の春、全学連中央委員会でブント派が革共同系の中執を強引に罷免してしまったときなど、下駄ばきで司会席に坐り、必死に抗議する革共同派にたいし「うるせえ、てめえら」と恫喝してみせる彼の様子には、当時の学生にはめずらしい凄味があったと記憶している。党派抗争の激化につれ、好むと好まざるとにかかわらず、ある種の〝柄の悪さ〟によってみずからを武装しなければならない段階がくるものであり、そうした折、東原はいささか年季の入った素振りで悪役を演じ、まわりもそれを期待するのであった。

外部にむかって悪役を演じるのと並行して、東原は、内部にむかっては道化の役を演じていたといえる。〝ならずもの風〟を追い払えば、彼に備わっているのは、メキシコの大道芸人もかくやと思わせるような変幻自在の優しい表情と臨機応変の陽気な話術だとわかる。当り前のことだが、その道化ぶりはみごとに知的な作業なのであって、たとえば自分の冒険譚を機知や諧謔で装う際の巧みさは知的な訓練なしにはとうてい無理だと思わされるのである。ブントきっての〝ならずもの〟がめったにおめにかかることのできないような聡明を発揮する、そうした瞬間に出会うのは私のおおきな楽しみであった。彼のならずもの風は危急にあたって私の蛮勇を鼓舞してくれたし、彼の道化風は私の緊張にカタルシスを与えてくれた。

そんな東原がちょっと寂し気な調子でもらした一言を今でもはっきりと覚えている。六〇年の春、毎日新聞の吉野正弘が私たちに寿司をご馳走してくれたとき、東原のいうには、「西部のような虚無的な世代が出てきたんで、俺たちのような浪漫派はもうすっかり老兵ですわ」。私に幾倍かして虚無的であるに違いない東原がそんなことをいうのは意外であったし、それが彼一流の戯言であるにしては、真情を吐露するという気配が濃すぎた。

後でわかったのだが、東原はもう左翼政治に疲れ切っていたのである。左翼過激派という異人集団のなかのそのまた異人として、内柔外剛の演技をやりつづけるのに厭きがきていたのである。それから二五年というもの、私は東原に会わなかった。消息も不明であった。だからかえって、二二歳にして「もうすっかり老兵ですわ」といわねばならなかった男のことを忘れることができなかったのであろう。

東原は高校二年生になるとすぐ兵庫県龍野市の共産党細胞に加入している。五四年といえば共産党の武装闘争が最後の局面を迎え、その失敗がいたるところで明らかになっていた頃である。しかし龍野ではいわゆるY《ワイ》が、つまり共産党の地下軍事組織が、あくまで誠実に、中央からの指令を待って武器の手入れをしていた。ミリタントたちは『アカハタ』に丹念に赤鉛筆で線を引いたり、ピストルを磨いたりしていた。少年東原は、たとえば、同志の家の馬小屋に寝泊りしながらピストルの使用法を年長者から教わる、というような生活に明け暮れしていた。

そこには、秘密事に加わることにたいする少年特有の好奇心もあるにはあったが、それ以上に、革命という魔語に憑かれたものたちの共有する得体の知れぬ、しかし澄明な、使命感にひたることの快苦相半ばする感情もあったのである。その種の感情を繊細に味わうための心の準備も完了していた。高校一年のとき文芸部部長として中原中也や宮沢賢治に没頭したこの少年は、浪漫的感性の昂まりに身を震わせながら、革命への献身を誓って「決意書」を書いたのだという。

五〇年代の前半には、中学生のときに共産党に加入した例も少なくないし、トロツキーだって一五歳で共産主義者になったのであるから、東原の早熟に驚くべきでないのかもしれない。しかし私はといえば、高校一年のときには三年間分の勉強をするのに精を出し、二年のときには妹を交通事故に遭わせて茫然自失していたという有様である。そんな私からすれば、やはり、東原の決意が並のものとは考えられないのである。

理性ぬきの決意を嘲うことはたやすい。『前衛』や『経済学教科書』だけが理性の源泉であるという蒙昧を批判するのも簡単なことである。だが、最大の誤謬を犯した五〇年代前半のスターリニズムが最高の自己犠牲の精神に到達したという事実にはそれなりの重みがある、と私は思う。おそらく、東原にとっての最も充実した左翼体験はこの無謀な決意にもとづく高校時代の二年間にあったのであって、それとくらべれば、すでに政治を操作することを学んだうえでのブント体験は献身の密度において稀釈されたものでしかなかったのではないか。

その意味でならば東原は共産党の〝スパイ〟であったといえる。つまり、古き共産党の心情を記憶として持ち永らえながら、彼はブントの連中の右往左往ぶりを〝注意ぶかくみつめていた〟のである。

Yの非公然活動に参加するとともに、彼は公然活動の先頭に立ってもいた。高校の二年および三年と自治会委員長をやったのである。共産党公認のかたちで立候補したというのだから、時代の雰囲気がずいぶんと左傾化していたのだということもできようが、しかし、いわゆるアカが世間の承認をえていたというのではない。「アカになるってことは人殺しになるのと同じくらいに隣近所から危険視されていた。親は、世間に顔向けできないといって、俺の行動に猛烈に反対していた。だから、後でブントに入って共産党から除名されたときなんぞは、その記事を読んだ近所の連中がお祝いにかけつけ、親父もお袋もにんまりしていたらしい」「俺の両親は、息子の行動には反対していながら、陰では息子を弁護したいらしく、共産党に投票するという癖がついちゃった。俺が左翼であることをやめてからも、ずっと共産党に投票しているってんだから、息子としては複雑な気持だ」。

ともかく、この若き委員長は、原爆反対運動、歌声運動、中小工場の女工さんたちの読書会、播磨造船労働者への早朝ビラマキなどで毎日を忙しく過し、授業へ出席する余裕はなかった。家に何カ月も帰らぬという調子だったのである。それでも、教師の約半数は東原の行動にたいし同情的で、「成績はオール3に統一され、卒業式には学年代表として送辞、答辞を読まされた」という。

高校生という前途の見通しの利かぬ段階で左翼的実践に没入するのはどんな気分のものかと尋ねたら、「ひどく貧しい家に生まれ育ったせいだろうが、俺は暗い少年だった。

それが、共産党のおかげで、人前でしゃべることができるようになり、自分と似たような境遇の人間が在日朝鮮人の居住地区や被差別部落にたくさんいることを知ることができた。共産党にはいまでも感謝してる。もちろん、当時の共産党の実践活動にはひとの気持をおしつぶすようなところがあったんで、暗さを払拭するというわけにはいかなかった。ただ、俺にはちょっくら文才があってね、ラブ・レターを書くのが無上の楽しみだった。それでなんとか明るさを保てたんだから、女性にも感謝してる」。

五五年に、共産党はいわゆる六全協を開き、それまでの軍事方針を反省した。しかし龍野あたりでは、文書にあふれる批判やら反省やらの洪水にうんざりのていであったらしい。それでも時代転換の波は東原個人にもひたひたと押しよせる。高校を卒業するなり西播地区のアカハタ分局長をしていた東原にたいし、平山さんという年配の共産党員が、「これからは体だけじゃだめだ、勉強をしなくちゃいかん」と諭す。蒔絵職人の父親の才能が伝わったのであろう、東原には絵心があり、岡山医大から解剖図製作のアルバイトを受けて、大学へすすむための資金づくりに精出した。

五七年、早稲田大学第二文学部に入学した東原を待っていたのは、第二次砂川闘争であり、そして水爆実験反対闘争であった。すぐ共産党細胞の転籍をすまして、自治会委員になり、またぞろ実践の渦中に飛び込んでいく。そのころ早大には、ついせんだって自殺してはてた高野秀夫という人間がいて、東大の森田実と学生運動の覇権を競っていた。五六および五七年の全学連再建期には大物指導者が輩出したようで、彼らは、いわゆる「先駆性理論」にもとづきながら、階級闘争の先駆たらしめるべく、学生運動を大衆運動として大規模化させ過激化させようと躍起になっていた。

森田と高野はその双璧であり、どちらかといえば、森田が共産党中央にたいして反旗をひるがえしていたのにたいして、高野は中央寄りであった。東原はその高野の〝子分〟であったようだ。高野が大隈銅像の前でハンストをしたとき、夜陰に乗じてスキヤキ鍋を運んだりしたのは東原である。理論やイデオロギーによってではなく、人脈によって、東原は高野派と結びついていたのであり、たぶんそのような経緯をひきずっていたために、「東原は共産党のスパイではないか」という風説が時折ただよったのであろう。

察するに、東原が習得したのは、というより彼が自己のセールス・ポイントとして押し出すことができたのは、運動を陰で〝操作〟するための技能と度胸であったらしい。五八年から全学連書記局に入り、そこで彼は主として資金面にかかわりながら、そうした力量を果敢に発揮した。たとえば、五九年の広島原水爆禁止大会で、大会入場に必要なバッジを共産党が独占したのにたいし、東原は、「大会主催者の娘を口説いて」、一五〇〇円で無制限に購入しうるルートをつくり、それを五〇〇〇円で各大学に売りつけたという。

そうした事柄をやってのけるにあたっての彼の敏捷さには、たしかに抜群のものがある。人なつっこい表情、巧みな話術、機敏な判断力と行動力を駆使して、そしていざとなれば短刀を呑んだような振舞でひとを威圧しながら、彼はブント全学連の資金面をさばいていたのである。

それは誰かがやるほかない仕事であった。カネのやりとりにほぼ必然的につきまとう道徳的水準の低下も、誰かがそこにあえて堕ちていかなければ、組織の歯車が回転しない。加えて、指導者連中の極度の精神的緊張を必要に応じて緩和するには酒の助けをかりなければならず、そうした場面を差配するのも東原の仕事であった。フランス革命からナポレオン時代を経てブルボン家の反革命までを生きぬいた策士ジョセフ・フーシェの名前を挙げるのは、むろん大仰であるが、少くとも精神の型において、ブントの連中のなかで最もフーシェに近づいたのは東原であろう。

私たちのなしたことはほとんど児戯に類したことにすぎないとはいえ、政治というものがある種デモーニッシュな次元を含まざるをえないだろうことは明瞭に感じとれた。東原は、〝ならずもの〟と〝道化〟の仮面を適宜に使い分けながら、そうした次元へと接近していたのに違いない。私自身には、そんな危ない行程に相伴する気力も才覚もないのだが、冒険をなす破目に陥った人間の気持を理解することぐらいはしたいと思う。

「東原は日本人じゃないよ。彼には国籍の問題があるんで、逮捕されそうな場面には出てこなかったんだ」と早大の関係者がいっていた。東原に確かめてみると、それはまったくの嘘だという。また彼の親友にあたる人間が「東原は山窩だよ」といっていた。それも確かめてみたら、事実ではないという。彼が日本人であろうがなかろうが、定住民であろうが漂泊民であろうが、そのこと自体はどうでもよいのだが、これは、ごく身近かの人間たちすら、東原のなかに異人の臭いをかぎとっていたことを物語る面白い挿話である。逆に東原の方も、自分を異人めかすことによって、かえってより大きな自由を獲得することができたのであろう。私が東原のことをブントのなかである意味で最も魅力ある男とみなしてきたのは、この疎外ゆえの自由というパラドックスを、彼が生きているようにみえたからである。

しかし、その逆説はあくまでひとつの物語としてのみ成立つのであって、現実はもっと素朴な正説となって進んでいく。六〇年の一・一六羽田事件のとき、東原は運転免許をとるために故郷に帰っていた。ブントの指導者が根こそぎ逮捕されたと知って、東原の感じたのは「どうしようもない後悔の念」であったという。「自分だけが出遅れた」という思いが東原を苛んだのである。

フーシェは東原の半面にすぎぬのであって、他の半面には、あの純情で善良な少年東原がいる。遊び心にかまけているうち仲間を見捨ててしまったという思いにとらわれた彼は、彼らの保釈金を集めようとやみくもに奔走した。島書記長も、ブントの組織が危殆に瀕しているという判断に立って、金の出所については選り好みしないことに決めた。「宇都宮徳馬、河野一郎、川崎秀二、肥後了、小田天界、望月優子、有馬稲子といったふうに、ところかまわず頭を下げて回った。車代程度のものが多かったから、数でこなすしかなかったわけだ。進歩的文化人とよばれている知識人のところへもいったが、彼らは口は出してもカネは出さんかった。そのうち、文藝春秋で田中清玄がわれわれにたいして好意的なことをいっているという情報が入って、出かけてみようという話になった。もちろん、シャバにいたブント書記局の連中も承知の上さ。清玄に会ったその日は、彼は奥さんの病院代としてもっていた二〇万円をわれわれに手渡してくれた。その後、多めにいって、三〇〇万円くらいもらったかなあ。なにはともあれ、保釈金も出るし、組織の活動費も賄えるというわけで、有難かったね」。

六〇年の春ずっと、ブント派全学連が警察機動隊との衝突をくりかえしていたあいだ、あるいはそのための準備に狂奔していたあいだ、東原はこの世でエスタブリッシュされた様々な種類の人間たちと面会していた。

「いろんな人間を知るたびに、左翼党派の狭苦しい世界には嫌気がさしてきた。でも、それは俺の本音ということであって、建前としてはブントの正義をつらぬかなきゃあいけない。右翼的な方面とのカネの裏取引は、俺個人の本音としてはどうということもなかったんだが、建前はそれとして重要なわけで、正直な話、精神的な重圧だった。カネだけじゃなくて、三月の全学連大会に共産党が押しかけてきたとき、清玄の紹介で空手和道流の学生たちを動員してもらい、大会の暴力的防衛をやってもらったりもしていたしね。建前としていえば、俺はユダですよ。ユダの烙印を背負って平然としておれるほど、俺は強い人間じゃない。憂さをいっとき忘れるには、飲んだくれるほかに手はなかった」。

これを東原の偽善のポーズとみるのは完全に間違っている。ブントの正義を裏切ることに偽悪的な快感をおぼえることもあったのではないかと忖度されはするものの、それはあくまで私人としての感情である。彼は、組織を守るために組織の建前を裏切ったことについて、傷ついている。

私には、むしろ、東原の精神があまりにもふかく傷ついていることの方が驚きであった。私は、TBSラジオで事の次第が暴露されたとき、田中清玄という人間の存在すら私は知らなかったのだが、いずれにせよ、東原たちは致し方なく為しうることを為したのであろう、としか思わなかった。東原たちが吾らの正義を裏切ったなどとは少しも考えなかった。仮にそれを裏切とよぶにしても、それは、吾らのめざした正義が安穏なものでも凡庸なものでもなかったことの傍証なのだと思われた。つまり、危機に囲まれていればこそ正義に真実味が宿るのであり、だとすれば裏切のひとつやふたつ起こらない方が不思議だというのが私の言分である。

東原にユダの烙印を押すのは卑しい所業であるが、田中清玄からもらったカネを東原が私的に費消したという批難はもっと卑しい。そのころの東原の生活は相当に荒れていた様子であるから、そうした部分もないわけではなかったろうが、彼の荒れ方は常人の想像するのよりもはるかに激しく、ある意味でみごとですらあった。「新宿のストリップ劇場やキャッチバーの女たちと仲良くなっていたんで、日常生活に必要なカネはそういう女たちからもらっていた。組織のカネを飲み食いに使いはしたが、それは地方から上京してきた活動家や全学連書記局の連中のおもてなしのためのものが大半だ。新宿ゴールデン街で夜な夜な空中遊泳していた自分を弁護する気はないが、清玄のカネを私腹したようにいわれるのは心外だよ」。

私は東原の文句に嘘はないと思う。なぜといって、TBSラジオに真相を暴露した理由をみれば、彼なりの誠実がつらぬかれていたとわかるからである。「俺は六〇年における自分の行動に区切をつけたかった。当時の自分の姿もブントの姿もうとましくなった。誰も彼も、まるで欲ボケみたいになって、思想や生活においてことごとかに精算ばかりしている。そんなやり方に成算があるとは思われなくなってね。どこかで自分の過去を清算しなくちゃ、どの方向に進むべきか考える気すらしなくなった」。

私には、このような心理の動きがよく了解できる。〝墓場まで運ぶべき秘密〟もあるのだろうが、それは、みずからの正義を信ずることができる場合か、あるいは自他を傷つけることがあまりにも甚だしい場合である。革命という名の正義はすでに反故と化していた。また、ＴＢＳの暴露によって〝新左翼の純情〟という美名はおおいに傷ついたであろうが、そんな美名は傷ついて当然である。告白一般を肯定するわけではないが、東原のなした告白は、彼個人のみならず、ブント全体を浄化するのに多大の貢献をしたと私は思う。今でも「あの忌まわしいＴＢＳ事件」というふうなよび方をする人々がブント関係者のなかにいることを私は知っているが、それは浅薄な自己正当化にすぎない。

自分の過去を隠蔽すべきか、それとも暴露すべきか、という二者択一の設問は過てるものである。過去を隠蔽してことたれりとすれば、自分の現在が欺瞞にみちたものになる。また、過去を暴露したままでいれば、自分の現在を偽善もしくは偽悪でいろどることになる。過去を隠しつつ露わす、露わしつつ隠す、という絶え間ない努力のなかにしか自己表現の真実も倫理もうまれないのではないか。

東原は自己隠蔽と自己暴露のあいだの際疾い平衡をよく保ちつづけている、と私は思う。ブントの汚れ役を引受けることをつうじて、彼は「友を失うことのつらさ」をつくづく味わったと述懐している。だが、そうすることによって彼は自己の足場を見出したのであるし、「友を失うことのつらさ」を知った人間でなければ友とするに価しないと考える、たとえば私のような人間も出てくるのである。

東原は六〇年六月の末、つまり安保闘争が終るとすぐ、「金助町」を去った。金助町というのは本郷にある町名で、全学連書記局の俗称である。そのあと、「半年は新宿あたりで荒れはてて」、大阪へ向った。暴力団がらみでつぶれかかっていたパチンコ屋の建直しに一年ばかり協力したが、そこにもおれなくなり、名古屋にあった田中清玄の関係する土建会社に会計係として二年ほど勤めた。「清玄には悪かったが、トンネル（横流し）に熱中し、会社をつぶしてしまった」とのことである。

日本にいても仕方ない、ヴェトナムにでもいこうと考えて、YMCAで英会話の勉強に励み、ついでに、どこかのパイロットの奥さんであるアメリカ女性との〝実践的英会話〟をつみかさねながら、ヴェトナム行の機会を狙っていたがはたせず、大阪で兄の自動車解体業を三年ばかり手伝ったあと、ついに東原は南アフリカへ旅立った。六九年一月、全共闘が東大で落城した時期である。それまでの九年間も彼の消息はブント関係者におおよそ不明であったが、アフリカにいってからの一〇年間というものは、文字通り完全に消息不明となった。東原吉伸の名前を「あの忌まわしいTBS事件」のうえに曝したまま、彼自身は行方を晦ましてしまったのである。

東原の特筆すべき能力、それは、繫累を絶ってひとりでいることにおおよそ平然としておれる点である。私にも孤立を好む癖があるようであるが、彼のように恬としてはおれない。他者との連帯に成功したことはほとんどないが、それでも、その可能性を夢みてしまうのが私の場合のようである。東原には、天稟によるものなのか訓練によるものなのか、ハードボイルドの性格が備わっているようにみえ、しかもそれをソフトな話術や身ごなしで装っているところがなんとも独得なのである。

左翼出自のものたちの交友関係は、えてして縁故や友情に甘えがちになる。甘えを嫌うものも少くないが、彼らは、えてして頑なに自閉し、人間関係そのものを破壊してしまう。東原のやり方はそのいずれとも異なって、交友関係からの分離とそれへの結合をほとんど同時になしとげるのである。その努力こそが彼の稀にみるサーヴィス精神をかたちづくっているといえる。

たとえば、唐牛が亡くなったとき、ブント関係者のほとんどすべてが盛大な告別式をやることになんの抵抗もなく同意した。私は、そんなことは止しなよ、と提案し、芹沢誠二や上林誠治のようなブント以外の人たちを別とすれば、東原だけがそれに賛成してくれた。むろん、こんなことはちっぽけな出来事である。また、こうした儀式にはすっきりしない要素が多々つきまとうのであり、また、当の唐牛が自分の葬式の指示をせずに黙って死んでいったことでもあるから、自分の気持に拘泥していても致し方ない。告別式には出席しないことによって私の気持の折合はとれたのである。

ともかく、東原がブントとの交友関係に自覚的に距離をおいていることが私には好ましく思われた。とくに「六〇年の頃、唐牛と浅からぬ因縁にあって唐牛と俺とはお互いにお守り役をやっていたんだ」と考えている東原が、そうした態度を示すのは爽やかであった。そのときはじめて、私は、この男の過去を知りたいものだと感じたのである。

東原は、蒔絵師の父親をもつ五人兄姉弟の次男坊である。戦争が父親の職業を職業といえないものにまで解体させた。戦争中は戦死者の肖像を絹地に描くというような仕事が細々とつづいていたが、戦後の混乱期に蒔絵は不要である。したがって東原家は、姫路市の郊外にあたる揖保郡林田町のなかでとりわけ目立ったかたちでの〝どん底生活〟を強いられた。

「五反百姓の祖父の家にころがりこんで、親戚の引揚者も入れて、一時は二〇人の人間がおしあいへしあいしていたんだから、これはもう、惨状というものです」。衣食住において自分が社会の最低線にいるのだという認識は東原のように早熟な少年にとっては残酷なものであったろう。貧しさは葛藤を惹き起こさずにはいない。「食卓が親父か兄貴の手によってひっくり返されない日の方が珍しい」あるいは「親父が鎌をふりあげれば、俺より一〇歳上の兄貴が斧でかまえる」といった状況のなかで、この少年は怯えていた。必然、「小学校には三分の一くらいしか出席せず、野山でひとりで遊んでいた」というような具合になる。五歳年上の姉の恩情だけが唯一の頼りであるような「暗い少年」だったわけである。ただ喧嘩だけは滅法つよく、とくに貧しい集落の少年集団との闘いを通じて実戦に長じたのだという。

　中学校に進んでからは成績が一番になったというから、肉体のみならず精神の神経も活発に動いていたものらしい。小説を読み漁り、文章を書きまくり、おまけに小学校時代の女教師と逢引までしていたときくと、私のような晩生の人間にはあいた口が塞がらない。ある教師からカール・マルクスのことをきかされ、世間では〝アカ〟を泥棒よばわりしていると知りつつも、それを逆に英雄視することも可能だとわかった。さらに、播磨造船の労働者である兄を通じて、「よい人たちが迫害されている」と知らされた。こんな次第で、東原の精神はひらけていくのだが、貧しさからくる暗さがしつこく彼を追い、それは高校進学が不可能だという具体的問題となって彼を鷲摑みにする。

　物の怪に憑かれたような調子で、彼は化学実験室から青酸カリを盗み出し、山に入っていく。本気で死ぬつもりではあったのだが、平地で大人たちが大騒ぎしているのを高みの木陰から眺めているうち、ちょっと虚脱した気分になって、青酸カリを口に入れるにはいたらなかった。彼の兄が高校授業料の五〇〇円を出すことになり、彼は、家計の助けに参加するのを拒否した自分の所業を恥ずかしいと感じた。

　しかし高校進学の魅力には勝てなかった。三木清や三木露風の出身校である龍野高校に文芸の伝統を期待すること、あまりにも激しかったからである。龍野高校に入るとすぐ文芸部部長をやったことはすでにのべたが、そこには、療養のため大都会から転校してきた年長の同級生がいて、その生徒の影響を受けつつ、共産党加入の「決意書」を書く。それ以後、東原のたどった政治遍歴は前にみたとおりである。

「貧しく暗い少年」であったことを東原はむしろ誇りにしている。いや、甘美な思い出にしているといった方が適切かもしれない。貧しさや暗さそれ自体についてのノスタルジアというのではない。そういう自己と対峙するもうひとつの自己のなかに、つまり豊かさと明るさを求める過程のなかに、どれほど大きい充実があったかを忘れることができないのである。

苦痛と快楽のいずれをとるか、暗さと明るさとのいずれを好むかというような二者択一は東原のものではない。ついでにいえば私のものでもない。苦痛と闘うことのなかに快楽が宿り、暗さと抗うことのなかに明るさが点るという弁証法を東原は体験的に把握している。逆にいえば、快楽に耽溺することの苦痛と明るさに焦がされることの暗さにはっきりと気づいている。そして人生の折返し点を過ぎて出発点に戻っていくにつれ、自分の精神の核が幼き日における貧しさとの闘争や暗さとの抗争のなかで形成されていたのだと思い知らされるのである。東原の語り口にどこか人生哲学的の響きがこもるのはそのためであろう。

ひろくみて、私たちの世代は苦痛と快楽そして暗さと明るさの弁証法について敏感な方であると思う。大雑把にいえばふたつの経緯がある。

第一に、戦後混乱期に物心ついた私たちには、貧しさや暗さはほとんど環境的所与のようなものであったが、その環境の随処に穴があいていて、そこから進歩主義やら民主主義やらの希望が、今となればおおいに錯覚であったと判明する豊かさや明るさのイメージが、注ぎこんできた。

第二に、少年期が終るとともに高度成長期を経験した私たちには、物質的にみれば、混乱期の貧しさにたいする成長期の豊かさという対照が鮮明であるが、しかし精神的にみれば、混乱期の充実にたいするに成長期の空虚という比較もみえてくる。社会や歴史における価値の二面性そして価値の逆転やをみてきたために、私たちは、暗さと明るさのあいだの二者択一ではなく、両者の相互応答のなかに生きようとするのであろう。

東原のようにとびぬけて明るい男が、少年期における暗さの記憶を後生大事にかかえているというのは、私には頬笑ましい。暗さの底にまで沈んだものが人間および世間というもののもつ自然な浮力によって明るい水面にまで浮び上ってきた、彼の挙措の流れるような自然体はそうした人生の浮沈のなかからつくられたものに違いない。彼がブントの政治を〝ならずもの〟として、そして〝道化〟として、泳ぎ切ったのも自然の成行といえる。その泳法がいささかみごとでありすぎ、それゆえ、ブント体験にしがみつこうとする人々からすれば、東原の振舞が〝スパイ〟のような素早さと映るのだろう。

私が彼に取材を申しこんだときも、いかにも東原らしく素早く返答してきた。「俺のようなものについて書くと君が損するだけだとは思うが、傷痍軍人たちのぼろ勲章を剝ぐのに俺が役立つというんなら、思う存分使ってくれ」。いうまでもなく傷痍軍人とは、左翼の、そしてブントの、イデオロギー的斑点を色濃く残している人々のことである。

さて東原の人生に話を戻そう。高校および大学を過激派政治にかかわって過した彼は、金助町を去ってからの八年間、半ばヤクザ風に暮していた。しかし、東原がヤクザになれるわけがない。六八年、それまでの荒くれ生活に見切をつけて、大阪のある貿易会社に、新聞広告をみて応募し、入社した。南ア連邦にすすんで勤務するような応募者は少く、それで入社できたのであろう。

英会話と商業用タイプを猛烈に訓練し、一年後、ヨハネスブルクに赴いた。ミシン、オートバイ、ラジオなどを日本から輸出し、その代りにグラナイトつまり花崗岩を輸入するのが彼の仕事である。三年間の南ア生活は順調にいったが、突然、マダガスカルにゆけとの命令がくる。フランス語の辞引と仏会話テープをたずさえて、東原はマダガスカルの首都アンタナナリボにたったひとりの駐在員として到着した。七二年春のことである。

ところが、その三週後に、アジア系のメリナ族を中心にして反仏革命が起こる。すべてのレストランが閉じられるというような窮状のなか、なんとか生きのびるため、辞引を片手にして米の買出しにかけずりまわる。東原のマダガスカル生活はのっけから不穏の気配であった。ポルノ・トランプの売買などで資金を貯めたりしながら、やがて、ラジオの販売を梃子にして政府高官たちへの買収工作にとりかかる。ラジオによる演説が政治的支配の道具としてきわめて有効であると判断したあたりは東原流といえよう。

しかしマダガスカルの政情は安定せず、一年後に、こんどはアフリカ系の部族連合による第二次革命が勃発した。革命というより政変に近いものであろうが、ともかく、手のつけられない混乱のなかで安定した取引が困難になり、マダガスカルから撤退するほかないという段階で、東原は自分の会社を設立し、あえてマダガスカルに留まることを選んだ。マダガスカルの自然や風俗が気に入り、「ここで死んでもいいと思った」とのことである。

ガーネットと水晶を探す山師、それが東原の職業である。もし武運つたなくマダガスカルの山奥にはてるとしても、そのように異国に人知れず骨をうずめるのも悪くはないと考えたのである。「ヨーロッパへ輸出する原石を探して、五、六〇人の黒人労務者をつれて歩くんだが、彼らの食料調達とカネの苦労ばっかりで、それに騙されてばっかりで、病気や自殺で死ぬ前に誰かに殺されかねないような毎日だった」という。

さらに悪いことには、六七年に北朝鮮の支援の下に社会主義的な方向での革命が起こり、私有財産への干渉がはじまった結果、東原が苦心のあげくに獲得したパーミット(鉱区権)も単なる紙切れと化してしまう。社会主義路線の常として、密告や嫉妬の渦がマダガスカルの全域におよび、東原もある村から訴えられてしまう。賃金未払の訴えだとのことであるが、東原によれば、既払であったという。

いずれにせよ、東原は浪々の身となってマダガスカルを彷徨っていた。狩猟や採集によってなんとか食いつなげる土地柄とはいえ、半年のあいだ一銭ももたずに流れ歩くのは容易なことではない。空腹と疲労でへばったときなど、おそらく彼の脳裡には、一〇畳の部屋ほどの体積をもったあの巨大なガーネットの鉱床、自動車が山あいの崖から真逆さまに転落したときのあの恐怖、四二度のマラリヤ熱に連日うなされたときのあの忘我、鰐の卵にむしゃぶりついたときのあの満足といったふうに、様々の思い出がめぐったのではないか。

いわば〝恐怖の報酬〟の結末を見定めて、「もう死んでもいいや」と覚悟をきめたのは、マダガスカル北辺の町ボエマールにおいてであった。だが人間、死ぬのもなかなかに難しいもので、一人の黒人女性が東原を「拾ってくれた」。その女性が身を売って運んでくるバニラや米やコーヒーを二人してつぶしてマダガスカル風雑炊をつくっていたとき、東原の胸にどんな思いが去来したものであるか、私なんぞにはもう想像もつかない。

あえて想像してみよといわれれば、太平洋戦争がはじまったころボエマールの近くに日本の人間魚雷が流れついたというが、東原には、その軍人の哀れな末路のことが他人事ではなかったであろうと思われる。

七八年、ようやく追及の手をかわした彼は、もはや帰国するほか手立はないと諦めた。しかし出国ビザの入手には、法人税やら失業保険金やらを国庫に納めたという証明書が必要である。出国者から一切合財を巻き上げ、巻き上げるものがなければ本国から送金させるよう仕向けるのが当地のならわしであってみれば、そういう証明書がおいそれともらえるわけがない。東原は税務署長や大蔵省高官らとの家族付合を開始することによって、ビザにありつこうとする。

一年後、二五万円の賄賂でやっとビザ発行の約束をとりつけた。しかし、政府部内における党派的な確執のあおりをくらって、その約束は実行されず、逆に裁判にかけられるという仕儀にたちいたる。事態がこのようにすすめば、それまで望郷の念と無縁であった東原の心胸にも、日本に帰りたい、是が非でも母国の土を踏みたいという願望が鬱勃とたちこめる。知合の国家公安委員長を動かした巻き返し工作が奏功したときには、安堵の溜息が思わずもれたに違いない。

しかし東原が、ビザをしっかりと懐にして出国パーティをひらいている最中、こんどはある革命評議員の奥さんから、私の察するに私情がらみの件で、訴えられ、逮捕されてしまう。ちなみにいうと、マダガスカルの奥地を歩いているうち、オカルトとしか思いようのないさまざまの呪術にであい、そのせいか東原には、いま現在も、この奥さんがインド洋をこえて自分に呪術をかけてくることがときどきある、と感じているふしがある。

ともかく拘留期間は一〇二日間ときまり、彼は必死になって保釈をとりつける。たった四八時間の保釈期間であるから敏速に行動しなければならない。別の革命評議員の協力をとりつけ、警視総監の特別の出国許可証を手にしたときには刻限ぎりぎりであったという。ほうほうのていで、マダガスカル東方にうかぶモーリシャスへと逃れ出たのは七九年二月のことであった。

東原の冒険譚を語るのが私の趣旨ではないし、ディテールを語り尽さなければその冒険の面白さを再現できないとも承知している。ただ、彼のマダガスカル単独行がブント関係者の数ある外国体験のうちで際立っていることだけは確認しておきたい。〝ならずもの〟と〝道化〟の二面相はマダガスカルでも健在だったのであって、その意味で、東原の外国体験は過激派のそれであった。

いわば世界の底に裸で身を沈めることによって、彼は、世界のなかで自分がたったひとりであること、それにもかかわらず自分が世界と、なかんずく日本と、切り離しようもなくつながっていることを、否応のないかたちで納得した。その思いがあまりにもふかいものであったために、東原の二面相にはっきりと変化が生じた、と私は思う。つまり、その〝ならずもの〟と〝道化〟とに品格や落着というものが伴うようになったのである。

私たちの眼前にふたたび現れた東原は、もはや、自己の貧しさと暗さとの闘いのためにアンタッチャブルの演技をするのではない。マダガスカルの赤い土地と緑の森林のなかで深紅のあるいは透明の宝石を掘るあの黒い人々、彼らにつよい共感をいだきつつ、しかし彼らから排除されたという痛覚をもって、東原は日本に帰ってきた。彼にとって触れて安全なのはこの日本の人々であるとわかった。

しかし彼自身は、マダガスカルでの呼名のとおりに、すでに「ムッシュー・トアラ」に変じている。つまり、国籍を離脱すれば離脱するほど国籍から脱れようもないことを知り、同時に、国籍に引寄せられれば引寄せられるほど国籍から遠ざかりたくなるという心理の二重構造が、東原のなかにできあがっている。これは、要するに、世界観の境地であって、この境地に立つことによって東原は、この島国で人生観的に自閉することから、あるいはその自閉への反動として破天荒に走ることから、脱出したのである。

六〇年安保は世界平和をめざすインターナショナリズムの運動だったのだ、いや反米愛国のナショナリズムの運動だったのだ、というふうな二者択一の論議がいまもみられる。しかし少くともブントにとってはこの二者択一は採用しえない思想である。ちょうど東原が身をもって演じてくれたように、国家と国際の双方を引受けて、そこでなおも平衡を保とうとするのが、ブントの思想的底流なのであった。

彼は、東原吉伸であるとともにムッシュー・トアラでもあることによって、この思想を、語りはしないが、生きてきたのである。このスパイと疑われ〝ならずもの〟と指された男が私たちの思想を肉体化してくれているのは嬉しいことである。彼はいま語学教育の仕事を媒介にしたアジアおよび太平洋との交流に乗り出そうとしている。それが夢なのか現実なのか、私にはわからない。いずれにせよ航海の幸運を願わずにはおれない次第である。

第四章　苦悩せる理想家――島成郎

どんな組織にも指導者がおり、そして組織の物語を書こうとすれば、それはまずもって指導者の系譜というかたちをとるもののようである。組織において物語が可能になるのはその持続性による。持続とは過去の連綿をひきずることにほかならず、したがって指導者たちは記憶という重荷をバッテリーのように背負いながら、未来への光源をつくりだすべく躍起となる。そうした精神の密度のために、歴史は、ほとんどつねに、悲劇的のであれ喜劇的のであれ、英雄の物語として綴られるのである。庶民の物語は歴史の素材として重要なのであって、それに紋様を与えるのはやはり英雄である。

しかし私はまだブントの庶民についてしか語っていない。私自身はむろんのこととして、篠田邦雄も東原吉伸も、さらには唐牛健太郎でさえもが、形式上は指導者の列に並んでいたにもかかわらず、実質的には庶民の相貌をもってしか生きていなかった。それは、たぶん、ブントがあまりにも短命であり、おまけにあまりにも若者を主体にしていたために、指導者たるにふさわしい記憶の蓄積というものができあがっていなかったせいであろう。当時の私たちはいわば瞬時の相に生きていたのであり、集団および個人の生の根底に持続の相があるのだということを知ったのは、あるいは知らざるをえない破目になったのは、ブントが毀れてしまってからのことである。こういうていのものをとても組織とはよべない。

そのことを幸運とみなした私たちは、持続の相を他の次元において見出すべく、左翼組織から離反したり距離をおいたりした。そのことを不運とみなしたたとえば清水丈夫や北小路敏は、組織の名に価する新左翼をつくるべく、革共同へと赴いた。いずれにせよ、ブントが左翼方面における組織的運動の流れに浮んだ一個の泡沫であったことに疑いはない。泡沫にすぎないものが四半世紀経ってなおも存在を誇示するいわれはないのであり、だから私には、センチメンタル・ジャーニーと副題をうって照れてみせる必要があったというわけである。

だが、泡沫といえどもそれなりの経緯があって発生するものではないだろうか。海流が次第に激しく渦巻いたのちにはじめて海峡が泡立つのではないだろうか。左翼におけるこうした歴史の経過をつぶさに経験したものがブントにもいた。その意味で、ブントにも指導者は、少くともその有資格者は、いたのである。

その代表として、私は島成郎と森田実の名前を挙げたいと思う。両氏とは、ほんの短期間であるが、比較的に親しく話したことがあるので、彼らがブント発足にいたるまでの前史をいかに生きてきたか、おおよその見当をつけることができるように思う。もっと率直にいうと、両氏との交友を私なりに大事にしてきたについては、ブントの一員としての自分がどんな系譜のうえに位置していたのかを知りたいという欲望もあったのである。

私の知りたいのは左翼過激派の系統図ではないし、イデオロギーやスローガンにかんする紋切型の分布図でもない。一九五〇年代、私がまだほんの少年であったころ、島と森田は学生運動においてなにほどか指導的な役割を果たしつつ、私にはせいぜい皮膚感覚によってしかとらえられなかった時代の雰囲気を自覚的に観察し、そしてそのなかでくりひろげられる人間の絵模様を意識的に分析し、それにもとづいて行動を決意していたはずである。

そうした観察、分析および行動の焦点はいうまでもなく日本共産党の問題にあった。彼らは、おそらく、共産党は無謬であるという悪しき神話にまず全身をあずけ、次に全身を賭してその神話の破壊に乗り出したのだと思われる。今の視点から見下せば、彼らの営為がプリミティヴにみえもしよう。しかしその原始の企てのなかに、人間の栄光と悲惨にかんするまぎれのない価値的の経験が含まれているならば、価値の貧血によって青白く変貌した今の時代は彼らの語る物語に耳傾けてもよいのである。

ブントの庶民たる私もそうしなければならない。ブントがコムニストの同盟であったことを忘れるわけにはいかないからである。現存のコムニストを、つまり日本共産党を、敵とみなす点において、私たちは五〇年代から離陸しようとしていた。しかしコムニストを名告るかぎりにおいて、五〇年代のうえをまだ滑走していた。それが私たちのありていというものである。より正確にいうと、少くとも私一個の場合、自分のコムニストぶりは速成の仮面をかぶってみたにすぎぬというべきなのであるが、そうだとしても、それもまた島や森田がやむをえずつくりだした活動類型に乗っているといえなくもない。

そうした擬似あるいは似非のコムニスト同盟を率いてしか日本共産党に対峙することの叶わなかった彼らの心奥に、いったいいかなる悲観や苦悩がわだかまっていたものであるか、私は尋ねてみたい。なぜといって、指導らしきもののいないのがブントであり、それゆえ英雄伝説らしきものの残っていないのがブントではあったが、指導者のいない同盟というのも誇張にすぎるとなれば、それはコムニズムの系譜からいって五〇年世代に求めざるをえないからである。破産した組織の指導者として当然のことながら、彼らの語りには屈折が多く、心情に隠蔽するところが少くないと私には感じられる。したがって英雄伝説から程遠いものしかできそうにないが、本章で島のことを、そして次章で森田のことを描くことによって、五〇年代の意味を問うてみることにする。

一九五八年の末に共産主義者同盟が結成された。そのとき島は関係者全員の賛同をもって書記長に選ばれている。委員長がいるわけではないので、島がブントの最高責任者ということである。当時の私は大学に入ってまだ九カ月であるからくわしいことは知らぬが、そこに集まったのは全学連の関係者であろう。ところが、彼らは三つ巴のかたちで赤裸に、あるいは隠微に、確執を演じていたのである。

第一のグループは、東大と早大の連合を主体としており、どちらかといえば理論的な傾きをもっていた。ただし、その理論なるものは、学生および大学院生の手になるものであることを考えると当り前のことながら、マルクスの疎外論やレーニンの組織論やトロツキーの永久世界革命論や宇野弘蔵のマルクス経済学やのつぎはぎ細工といわれて仕方ないものである。ひとつはっきりしていたのは、トロツキーを評価しはするが教条的なトロツキズムは排するといったところであろうか。ともかく、この第一のグループがその後ブントそのものになるのであり、島は、彼の盟友でもありブントの事務局長でもあった生田浩二とともに、このグループを代表していた。

第二のグループは、革共同関西派とよばれていたもので、星宮煥生などに率いられながら、反中央の気分とトロツキーへの共感とをもって、全学連内部の批判派を形成していた。

第三のグループは森田派である。一九五六年の砂川闘争および一九五八年の警職法闘争を成功に導いた森田実の強烈な個性と行動力とをほとんど唯一の支柱にして、森田派は、他のグループから官僚主義とか操作主義とか批難されながらも、まだ影響力を残存させていたのである。

私の注目したいのは、このように角つき合わす関係のなかで、島が全員一致の信任をよせられたということである。彼はマルクス主義の理論家でもなかったし大衆運動の指導者でもなかった。理論家としては佐伯秀光や青木昌彦や片山迪夫が優秀とされていたし、大衆的指導者としては森田が群をぬいていた。また、オルガナイザーとしては森田のほかに生田や清水丈夫が他者の追随できぬ能力を発揮していた。島はむろんあらゆる方面において有能ではあったのだが、彼をしてこの怪しげにして危なげな組織の書記長に就かせた最大のものは、むしろ人格的の特徴であったろう。情熱、潔癖、覚悟といった類の心理がその白皙で端整な表情にくっきりと現れていた。

ブント結成の直前に、駒場の連中が本郷のそば屋の二階に集められたことがある。私が島に会ったのはそのときがはじめてである。私の心に印象づけられたのも人格的の信頼感であったようだ。ブントの庶民にとって哲学も理論も組織もおおよそ不在のままに革命運動とやらに突入することの不安感はけっして小さくはなかった。しかしそうであればこそかえって、自分たちの親分に高水準の人格を期待したのであろう。島はそうした期待を担いうる唯一の人間とみなされたのであった。

島が体現していたのはブントの体質ともいうべき浪漫主義の雰囲気であった。ブントの若い同盟員たちは五〇年代の理想主義を呼吸して育ってきた。それを嚮導してきた進歩的文化人たちの言動に大きな欺瞞と偽善があることに私たちは素早く気づきはしたのだが、理想主義の底にうごめく浪漫の気分までをも手放す気はなかった。それはより純粋なかたちで顕現するよう求められたのだともいえる。私たちとて、浪漫主義がほんのちょっとした不注意で感傷主義や虚無主義に堕ちていくであろうと予知していた。その堕落を防ぐためには経験がなければならない。浪漫主義とは尾根を伝うような危険な道程にほかならず、そこで平衡を保つには経験にもとづく智慧がなければならない。

私たちは島に智慧ある浪漫を要求したのである。思えば、二七歳の青年に過酷な要求をつきつけたものである。ただ、彼に五〇年代をつうじて最左翼の立場をつらぬいたという経験があったのは事実であるし、加えて彼には、そうした極端に位置する人間にありがちなエキセントリックな感じというものがなかった。正気の過激派、それが島のただよわすイメージであり、私たちはそのイメージを信頼したのであった。
世界革命を、まして暴力革命を、唱えるものが立派に正気であるというのはみたところ形容矛盾である。しかしその矛盾は、五〇年代に革命という言葉がひとつの魔語として君臨していたという背景と、その魔語をあやつる司祭としての共産党に狂気がはびこっていたという背景とを考慮に入れることによって、皆無とならないまでも軽減されるであろう。つまり、革命の魔語を受け容れ、そして共産党の官僚化を革命する必要を認めるかぎり、革命をめぐる過激な言辞はむしろ言葉の自然な展開であったということができる。

五〇年代におおいかぶさった革命という魔語の正体を明るみにさらす五〇年代最後の実験、それがブントだということである。聡明なひとにとって、その言葉の空虚なることはとうに明白であったのだろう。しかし島および彼を族長と仰いだ私たちの浪漫がおそらく過剰の域に達していたために、そうした聡明にいたるにはまだ距離があったのである。

島はまさしく五〇年代に生きた人間であった。一九五〇年に東大に入学し、ただちに自治会の副委員長になった島の眼前には、朝鮮戦争勃発そしてレッド・パージ開始というふうに、戦後体制の第一の動揺もしくは整備の光景が荒々しくくりひろげられる。その年の暮には彼ははや無期停学の処分を受けている。おまけに、年初に出たコミンフォルム批判によって、共産党はソ連の対米強硬戦術を支持する反主流の国際派とそれに抵抗する主流の所感派に分裂し、島はその抗争のただなかに放り込まれる。全学連は国際派の牙城であり、島もいきおい国際派に所属する。

しかし、両派の確執が激しくなっていた翌年の夏、中国からの批判が発表されるに及んで、所感派はコミンフォルムへの盲従を誓い、そのことにより国際派を党中央に逆らう分派として断罪する権利をうることになった。島は、長い逡巡のあと、自己批判書を書いて党中央に屈服する。あの島が、と訝る向きがあるであろうが、社会主義の祖国ソ中がまるで聖地のように崇められていた時代にあっては、それも二〇歳の青年の誠実の証しだったのかもしれない。

五二年に復学し、合わせて復党した島は、城東や南部の労働者地区に入っていって雑多な活動にかかわっていた。しかし「分派上り」の汚名が陰に陽に付される状況のなか、彼の志気はどうやら低迷していたようである。この屈辱と消沈の経験こそ後年における共産党への徹底した反逆をうみだした源泉であろうと私には察せられる。しかし島はそのあたりの話になると口を噤む。私はただ、「生田がその年に入学してきた。あいつは分派上りを差別しない良い奴だった」というような文句をぽつりともらす様子のなかに、島における記憶の苦さというものを想像するだけである。

五月の「血のメーデー」ではデモ隊の最前列に立ちながら、その直前にできた山村工作隊には、おそらく分派上りであるために、参加していない。左翼であろうとする彼の情熱を不完全にしか燃焼させなかったのはほかならぬ共産党である。五三年に浅間山軍事基地反対の闘争、五四年にはビキニ事件に端を発する原水協結成の運動といったふうに、島は学生運動にかかわりつづける。しかし彼の背後には暗闇があり、そこから党中央を頂点とする監視体制が眼をひからせている、といった気配だったのではないか。また、高校および大学の先輩である五〇年当時の全学連委員長武井昭夫たちが厳しい査問にも屈せず国際派の名分を守りとおしたということも、島の念頭を離れはしなかったであろう。

島における共産党批判の中心は、一国社会主義か世界革命か、平和革命か暴力革命か、というような理論的次元にはなかったと私は思う。それはあくまで官僚制批判を眼目とするものであったのではないか。どだいが、世界革命や暴力革命はおおよそ夢の次元にある問題なのである。ただし、共産党および旧左翼の官僚体制が取払われたと想定してみると、そのとき民衆のエネルギーが解放されて、真の革命へと再組織されるであろうとするイメージがいささかの現実味を帯びて語られることになる。忖度してみるに、それは島自身の青春における、共産党とのかかわりにおける、抑圧と解放の物語なのであった。

私たち若年の世代もそれぞれに私的な抑圧と解放の物語をひそかに紡いでいたのであ

るが、それらは島のもののように共産党をめぐる物語にはなっていない。私たちにとって共産党がたかだか戦後文化の欺瞞と偽善を象徴する観念であったのにたいし、島にとってそれは現実の軛《くびき》だったのである。

だから五五年の秋、六全協において党中央が自己批判したということを、森田が一〇〇名ほどの東大細胞員にむかって報告したとき、島は本当に怒ったのである。森田によると、「島は、私の報告が終ると同時に興奮し、異様な大声を張り上げて怒鳴りはじめました。手はふるえ、声はふるえていました。〝オレはこの五年間何をやってきたんだ。分派を自己批判したのも間違いだったのか。何が正しいんだ〟、彼は興奮して叫びつづけていました」(『戦後左翼の秘密』)。この怒りが正義になり、その旗のまわりにひとが集まり、ブントが結成され、共産党との戦場を安保闘争に見出し、島本人の言によれば「虎は死んで皮を残す、ブントは死んで名を残す」次第と相成ったのであろう。

このように眺めてみると、共産党にたいする島成郎の私闘、それがブントであったように思われてくる。島には、私たちの知らない「あの時代」が、つまり五〇年代前半の五年間があったのである。それは共産主義および共産党という擬制にたいしておびただしい犠牲が払われた五年間であった。物理的にのみいえば、その犠牲は微々たるものにすぎなかったということもできよう。しかし、戦争の余燼がくすぶるなかで演じられた、共産主義の聖堂にたいする礼拝劇には、どこか重々しい存在感がある。サディズムの酸鼻、マゾヒズムの甘美、いずれにせよ病理的な心の状態には違いなかろうが、そこには後の世代には窺い知れぬ献身の姿勢があったのだろうと推察される。

島の場合、献身の具体的実行が封じられていたという意味において、献身の姿勢はいっそう過激なものにならざるをえなかったであろう。コミンフォルムそして党中央の無謬性という虚構の歯車に掛けられてしまったものたちの真情を代表するかのように、島は共産党にたいして私闘を仕掛けた。それは、大略、奏功したと私は思う。共産党という組織が解体するわけはなかったが、それは数ある利益集団のひとつという正当な地位にまで引下げられ、人々の精神のなかで王位を僭称するような不当な要求はもはや不可能になった。そうなるについてブントは多少の貢献はしたのであるし、そうならば、島の努力は報われたのだといってよい。

島はアメリカで不慮の火災により客死した生田について次のように述べている、「若き日よりともに過してきた日共は、ただ彼をいれた器だけに止らなかったのではないか。常に自分から離れ、逆に自分に立ち向ってくる物神であると同時に、自己の一変身と錯覚される奇妙な存在である」（『生田夫妻追悼記念文集』）。これは島自身の共産党観であろう。両氏は、その共産党が「火焔瓶遊びと無政策の大衆迎合主義に堕し、方針の貧困さを覆いかくすウルトラ家父長制の暗黒政治へと矛盾を拡大していった」ことに気づいた。それゆえ彼らのつくったブントにあっては、「奴隷の言葉は投げすてられた。陰湿な組織的策略は必要がない。明るい生気に満ちた天衣無縫な集団が形成されていた」ということになる。たしかにブントの享受した自由、開放、明朗は破格の水準に達していた。奴隷、幽閉、暗鬱の気分は各人が逮捕されたり拘置されたりしたときなどに満喫すればよいとされていた。

しかし書記長も事務局長も、そして私たち庶民の同盟員も、もっと早期に、こんな組織はとりわけて革命に不向きだということに気づくべきであった。そして、こんな組織をこそ私たちが欲したのであってみれば、革命なんぞは私たちに似つかわしくないのだということに気づくべきであった。いや、そのことをすでに直観していたのであるから、自分らの直観を認識にまで高めるべきであった。

革命という魔語がまったくの空語にすぎないことを知るために、知らせるために、ブントがあったと認識するのは、苦痛でないはずはなかった。しかしそこにはいくばくか清冽な気風も伴うはずなのであった。六〇年の後半にブントはあっというまに四分五裂し、自然消滅していったのであるが、それは革命という観念の崩壊をみごとに象徴する出来事だったのである。いや、私たちのうちにあってそんな観念は単なる虚妄としてしか成立していなかったのではないか。つぎはぎだらけの理論とゆきあたりばったりの実践に観念の名を付するわけにはいかないのである。

「一九六〇年六月一八日、日米新安保条約自然承認の時が刻一刻と近づいていたあの夜……私は、どうすることも出来ずに、空っぽの胃からしぼり出すようにヘドを吐いて蹲っていた。その時、その横で、〝共産主義者同盟〟の旗の近くに居た生田が、怒ったような顔つきで、腕をふりまわしながら〝畜生、畜生、このエネルギーが！　このエネルギーがどうにもできない！　ブントも駄目だ！〟と誰にいうでもなく、吐きだすように叫んでいた」（前掲書）。島と生田の五〇年代はこのようにして終熄したのである。あの量だけ脹れ上った群衆に革命的エネルギーをみたのは、もし本当だとすれば、もちろん生田の錯覚である。だが真実は、おそらく、五〇年代における革命の観念をやっとここまで持続させてきた吾らの書記長と事務局長が、革命の観念の不毛さをほぼ最終的に認めたということなのではないか。

島が革命という観念の崖っ淵にまできていたのは明瞭であった。たとえば、六〇年の三月から四月にかけて、ブントの思想的および組織的な危機が誰の眼にも明らかになったとき、彼が出した方針はいわゆる「三千人職革説」である。職革とは職業的革命家のことであるが、ともかく、三千人の職革を可及的速やかにつくりだし、彼らが街頭であるいは街裏で権力転覆の直接行動に入るようになるならば、ブントに明るい展望がうまれるであろう、これが書記長の下したたったひとつの判断であった。

「俺はエゲツナイことが苦手だし、街頭指揮も下手だ」とみずから認める人間の口から、こうしたブランキズムを聞かされるのは、それが実現する基盤がどこにも見当らないのであってみればなおさら、周囲には苦痛であった。それは、五〇年代前半の「火焔瓶遊び」の再来かと思われ、私などは、ひとはみな危機に臨んで青春時の妄想に帰っていくものかと考えてしまったくらいである。

しかし、ある意味で、島は正しかったのである。ブントのかざした革命の観念を論理的に展開させていくと、ブランキズムを時代錯誤と承知しつつ実行する以外に選択肢はなかったのである。自余のものは、帝国主義論であろうが前衛組織論であろうが階級意識論であろうが、旧左翼に、あるいは新左翼を詐称する旧左翼に、まかせておけばよい。島は、さすが書記長だったのであって、ブントの位置と宿命をよくとらえていた。革命の観念さらには左翼の思想の総体を解体さすべく、みずからすすんで解体するよう方向づけられていたのがブントである。

五〇年代左翼における浪漫の系譜はこのようなかたちでしか死ねない種類のものである。というより、あえて死ぬ方向を選びとっていかなければ、浪漫の系譜は死よりもはるかに醜いもの、つまり生きながらの腐敗に直面するのだ。島の唐突なブランキズム宣言はこのことを察知してなされたに違いないものであろう。

共産党にたいする島の私闘の産物がブントにほかならぬといったが、その私闘には五〇年代浪漫派の感性と理性との必然の転回が含まれていた。あるひとがいうに、「五五年の六全協で利口な連中は共産主義の馬鹿らしさを悟ったんだが、島たちは逃げ遅れたのさ」ということである。そういうこともできようが、火焔瓶遊びや歌え踊れ遊びが桁外れに馬鹿げていたために、逆に、真正のマルクス主義の理想に回帰するならば、そこになにか輝けるものがあるかもしれないと想念したのにも無理からぬところがある。その意味をこめて、マルクスが最初につくった組織の名称である「共産主義者同盟」を借用したのであろう。

つまり、ブントとは理想家島成郎の夢想した共産主義者の聖家族の苗字なのであった。それは彼の私闘の根城ともいえるものであった。島の私闘を経由することによって五〇年代前半の「あの時代」がやっとその論理的帰結としての死にまで届くことができたわけである。それをいかにも虚しい企てとみることも可能であるが、私はそういいたくない。そのひとつのデケイドのうちに、ひとつの思想の生涯が表現されているのだからである。

私にとってのブントは、いわば、大人になるためのイニシエーションにすぎなかった。裁判などの儀式がつけ加わって、その入会式が三〇歳になるまで引延ばされたのは面倒であったが、私の思想は、そういえるものがあるとすれば、ブント以後に形成された。島の場合はそうでないであろう。その方面の事柄について彼は沈黙しているので、心境の微細を知ることはできないものの、ブントの死を深い虚無としてもっとも深刻にうけとめたのは、それが組織の長の責任というものなのかもしれないが、やはり島成郎であろう。そのことによって彼は今も幻想のブントの書記長たりえている。

「あの時代」というよび方をしたのは、実は、ブントの理論家のひとりともくされていた富岡倍雄である。ただ、その場合の「あの時代」とは五〇年代の後半のことである。たしかに、島や生田が目覚しい活躍をしたのは六全協からブント結成を経て六〇年安保にいたる五年間である。左翼政治の歴史としては、この五〇年代後半が記録さるべきなのであろう。私が島に意見聴取したときも、彼が語るのはこの五年間についてであった。

しかし私には語られざる前史の方が興味ぶかい。左翼思想の領域において共産党の専制が及んだ惨めな「あの時代」があったとは、私の世代においては想像できるだけであり、今の世代には想像を絶する話であろう。しかし「あの時代」をくぐりぬけた島たちが、「あの時代」の破壊に着手してくれたおかげで、私たちの視界はずいぶん澄明になったのである。その長い過程に感情移入しているうち、「あの時代」の混濁のなかにこそ、人間の真実がとはいわぬまでも、真実への願望があったのではないかと考えたくなる。六〇年以降、人間の願望能力が、つまり理想形成能力が、いちじるしく疲弊しているという事実を考慮に入れるとき、愚かな「あの時代」にも言分を与えたいのである。

さて、いうまでもないことだが、ブントの死は島個人の死ではない。彼も、ほかの元同盟員たちと同じく、生きる方途をみつけなければならなかった。六〇年安保からの一一年後、彼は一精神科医として沖縄に定住する。博子夫人と三人の小さな子供たちをつれてである。それまでどのように過してきたのか、私はなにも知らないし、彼も語らない。昨年の末、島はある精神病院の院長に請われて、東京にもどってきた。一四年間の沖縄生活がどんなものであったのか、私はなにも知らないし、彼も語らない。沖縄タイムズ出版文化賞を受賞した『精神医療のひとつの試み』という著書を八二年に発表しているが、それは主として精神病の治療活動にかんする実態報告からなっており、精神障害者の苦悩に心を砕くひとりの素朴なヒューマニストの像が浮んでくるだけである。

この二六年間に私は島と一〇回ていどは会っているのだろうが、そのほとんどが唐牛健太郎が死去したことをめぐるあれこれの寄合においてである。そんなときは、酒を飲んで、馬鹿をいって、各人勝手にいなくなるのが私たちのならわしである。そんなわけで、心臓を悪くして何度かシリアスな状態に陥ったと奥さんが心配しているにもかかわらず、沖縄産のつよい泡盛を飲んで、機嫌よく笑っているようにみえる、それが島の現在の上辺の姿である、という以上のことはわからない。

ただ目立つのは、彼が言葉を極度に節約していることである。いろんな元同盟員のいろんな言葉に、哄笑でなければ、微苦笑をもって応じるのが島のやり方である。それは、いってみれば、ブント物語における虚の中心にいつまでも坐りつづけなければいけない人間のかかえた、すでに日常心理と化すほどにしつこい苦悩の、せめてもの表現であるように私には思われるのである。

第五章　善良な策略家——森田実

もうひとりのブントの指導者として森田に言及するのにたいし、異論があるだろうと思う。それもそのはず、ブントは森田を積極的に排除したのであり、彼がブントの創立メンバーのひとりであるのは形式上のことにすぎない。五八年から五九年にかけて、森田派といえば、そこには少からず侮蔑の意味がこめられていた。思想的に不誠実で理論的に曖昧であり、大衆運動の力学とそこにおける権力的な布置にのみ敏感であるのが森田だとされていた。つまり森田のイメージは策略家のそれであった。

私のような新入生はその真偽を自分で確かめようもなかったのだが、なるほど、と思わされることが一回だけあった。五八年の一〇月だったと憶えている。ある夜、森田が駒場寮に現れ、寮食堂に数百名の学生を集めて、猛烈なアジ演説をはじめた。警職法反対闘争のためである。それは物凄いとしかいいようのない煽動であって、「今現在、品川駅で国鉄労働者が当局の弾圧をはねのけて実力ストに起ち上っている、泊り込みの体制で支援にいこう」という内容を、きわめて生々しい状況描写をまじえながら、激越な調子のなかにも時折に静寂の間を入れつつ、たぶん四、五〇分ほども、聴衆をかたときも厭きさせることなく語るのであった。かなりの数の寮生が真剣な面持で品川に向い、むろんそのなかに私もいた。

しかし、品川駅には何事も起こっておらず、起こる徴候すらなく、私たちは、夜の白む頃、白々とした気分で寮へもどった。学生を利用した山猫ストはどうやら失敗に帰したようだ。私は、なるほど、これが森田流かと感じ入ったわけである。

島がその倫理性の高さによって信望を集めていたのにたいし、森田は、真相はさておくとして、それが低いという噂によって、学生離れした高度の政治的手腕にもかかわらず、排除されつつある模様であった。東大・早大のグループと革共同関西派のグループは森田派を排除する点において一致していたようである。

しかし森田の実力を知悉していた島だけはそれに反対し、ブント結成に名をつらねることになる。島によれば、「ブントをつくるときのいちばん大きな人事問題というのは、香山健一たちのいわゆる森田派の連中をのけろということだった。俺はだけど森田を入れなかったらブントをつくったって仕様がないというわけで、最後まで調整役をやっていた」とのことである。しかし、ブントは結成と同時に世代の交代をも伴うことによって下部へと影響力をひろめていけたのであり、いきおい、森田派は舞台の前面から退いていく。だから、私のような最弱年のものにとって、森田は過去のひとと映っていた。

しかし森田なる人物がブントの指導部に消しがたい印象を残していたことは明らかであった。とくに大衆運動が収拾のつかないような段階に入ったときとか、指導部の人間関係において感情のもつれが激しくなったときなど、「森田ならどうするだろうか」といった類の会話がなされるのであった。そのような言葉を発するのは五六年入学組に多かったように思う。

つまり、その年の砂川基地反対闘争で英雄になった森田の姿が彼らの眼に焼きついていたのであり、度胸、執念、策略といったような現実主義的の問題にぶつかるたび、五六年から五八年にかけて森田が示してみせた活動類型および人間類型がひとつのモデルとして思い起こされたのであろう。森田的なる振舞が、左翼過激派における現実主義の系譜となって、ブントのうちに持続していたわけである。

私が森田とはじめて対面したのは、ずいぶん後になって、一九七〇年のことである。大きな体格、柔和な笑顔、低い物腰、深い艶のある声、しかしほとんど笑うことのない眼、そういったところが彼の肉体的の特徴であろうか。彼は『経済セミナー』という雑誌の編集長として私の前に現れた。私の方は、三一歳にもなるというのに、二人の幼児をかかえてアルバイト生活というていたらくでいた。ただ、文章というものを書いてみたいな、という漠たる思いはあったようだ。しかし、双方のあいだで執筆の話は私の怠惰ゆえにまとまらず、やったことはといえば、酒を酌み交したこと、そして麻雀などやったことのない私が、臆面もなく、その道の玄人はだしといってよい森田の相手を何度もやったことぐらいである。

あるとき私は大負けをして、森田がいうに「なんでもいいから経済セミナーに三、四〇枚書いてくれ、原稿料は俺がもらう」ということである。私はいつもの癖で、逆手にでて、しごく大まじめに書き、彼にみせた。彼は読みすすむうち、私のまじめな書きっぷりに感心してくれて、数日後、彼個人の支出でカラー・テレビを送ってくれた。私は、それまでの付合でもそう思っていたのだが、森田における浪花節的の心配りに、ブントでの噂と異質のものをつよく感じた。つまり森田はどこにいても策略を駆使するうえで稀な水準の力量を発揮するのだが、そこには、いつもひとの心を和ませずにはいない好人物ぶりがみえかくれしているのである。

森田は一九五二年に東大に入学している。出身の伊東市には東大新人会の流れをくむものがいて、その影響もあってのことか、森田は中学生のころからマルクス主義関係の書物を読んでいたとのことである。共産党の軍事方針のテキストである『球根栽培法』やラムネ爆弾の製造法を書いた『栄養分析表』が寮食堂で売られているという状況のなか、その年末に彼は入党する。『祖国と学問のために』という新聞を売りさばくにあたっての抜群の能力が認められ、翌年にははや都学連へ出ていく。内灘や浅間山の軍事基地反対の闘争をやりながら、伊藤律の除名や神山茂夫分派の摘発といった組織問題が顕在化してくるのを森田はみつめていた。

翌五四年は、それがいわゆる「総点検運動」となって共産党をかけめぐる。東大文学部の地下にあった全学連および都学連の書記局でも査問が頻発した。時間にルースだ、金遣いがあらい、女性関係がだらしないといったような個人的問題をめぐって開始されるスパイ摘発合戦にどう耐えたのか、森田は多くを語らないが、ともかく彼はこの隠微な相克をやりすごしたらしい。それでも秋に、あのタフな森田が胃潰瘍になって三カ月のあいだ入院したということであるから、相当に神経を消耗させる事態であったようだ。

翌年には東大にもどるが、そこでも森田弾劾の声があがる。なんとかそれも退け、工学部の実習で常磐炭鉱にいっていた七月、六全協が開かれ、党中央が内部分裂と極左方針を自己批判する。つづいて開催された都細胞代表者会議では森田は克明なメモをとり、それを東大にもちかえって報告した。

六全協ショックが波をうってひろがっているあいだに、彼は新聞・雑誌をよみあさり、国内の政治情勢の焦点がどこにあるかを探った。そして小選挙区制、教育三法そして核実験に反対するという行動方針を打ち出す。五六年の春には、島と森田が中心になって全学連が再建され、その秋には砂川闘争へと突入していくのである。

こうした過程を眺めているうちに浮んでくるのは、森田という人間の明るく機敏な行動力である。すでにみたように、彼は中学のときからマルクス的の文献にふれているのではあるが、その種の早熟な人間にありがちの陰謀家めいた小賢しさが彼にはみじんもない。森田は大学に入るまで民青経験をもっていないのであって、父親の大工仕事や母親の百姓仕事を助ける勉強好きの野球少年、それが彼の少年像である。

実際彼は、大学入学の直後に東大野球部から勧誘され、それに気をよくして神宮に野球の応援をしにいったのだという。ところが、そこでなけなしの財産である五千円をすられ、あちこち頭を下げてまわるが誰も金を貸してくれず、それで「社会というものに頭にきて、学生デモに衝動的に参加したんだが、体がでかいというのも考えもんで、雨の中で警官を投げとばしたりしているうち、こぶはできるわ、打身だらけになるわ、たっぷり刺激をうけ、そのまま左翼路線にまっしぐらさ」。中支で九歳年上の長兄が戦死し、それを切掛にして母親が病床につくのをみていた、というような少年時代から徐々に蓄積されていた反戦感情が、一挙に爆発したのであろう。

森田はその高い政治手腕のために策謀家とみなされることが多いのだが、それは掛値なしにいって、低い政治手腕しかもたぬ人間たちにありがちの嫉妬まじりの恐れからくるものである。私のみた森田には、しばしばびっくりさせられるような、ナイーヴァティがある。島成郎も「森田というのは、人が悪そうにみえるけど、本当は人のいい奴で、自分から戦争を仕掛けたことがない」といっている。星宮煥生も認めている、「森田君には浪花節的な面があって、いつも相手の気をくもうとしていた。後の世代からみると、オポチュニストで妥協的と映ったらしいがねえ」。

こんな森田がブント形成の途中で〝悪い奴〟として排除されていく。もっとも森田自身によれば「〝悪党〟とみられたため、その後悪いことができなくなってしまい、身を守ることができたという意味で、今は、このことについて感謝しなければいけないのかもしれません」(『戦後左翼の秘密』)ということであるが。

森田の手腕が最高度に示されたのは砂川闘争であった。そのころ私は北海道の高校生であったから、臨場感はないのだが、ともかく森田の辣腕は旧左翼の政治プロをも驚かすものであったらしい。ほとんど個人プレーのようにして、学生を砂川に送りこみ、そのつど発生する混乱を新たな煽動の材料にして、結局、砂川は森田の勝利に終り、本人いわく「笑い話だが、ぼくはプロ野球の優勝監督のように、胴上げされた」のである。しかしそのために、共産党中央と結びついた高野秀夫全学連書記長らが闇討ちのようにして森田を平和部長から解任しようとする。

そのいがみ合いは、今でも語り草になっているほどの、当時の表現でいえば、ムサイもののようであった。それに勝ち抜いた森田には、次に革共同関西派からの追い落しがかけられ、「〝森田は国家権力のスパイだ〟とか〝右翼とつながっている〟などとひどいデマが全国でとばされたり」という状況になる。さらに「東大的体質（観念的で衒学的な事大主義的体質）にこり固った東大細胞の指導部から嫌われ」たこともあって、「〝オレの立場は落ち目の三度笠だよ〟などと冗談を言う」ほかない破目に陥っていく。

しかしそれでも森田の頑張りはつづいて、五八年の六月は共産党本部に全学連執行部をひきつれて押しかけ、「共産党中央委員全員の罷免決議」などという〝暴挙〟をやらかして、共産党から除名される。除名の後も、夏の勤評闘争、秋の警職法闘争というふうに、彼のアジとオルグは、一種、壮絶の度合をつよめて継続される。

だが、トロツキズムの観念が脹らむ転換期にあって、森田のような実権派は不要である。一二月一〇日のブント結成に名をつらねはするものの、冷や飯を喰わされるのはもう眼にみえている。翌年一一月二七日の国会突入事件で、大衆運動家としての稀代の力量の最後の片鱗をみせて、彼の八年間におよぶ確執と煽動は終止を迎える。ブントも脱退し、森田はまったく敗残の将となって私たちの前からいなくなった。その後の半年間も、島や唐牛や清水の要請に応じてブントの相談役めいたこともやったらしいが、それは森田の獅子吼の単なる残響のようなものであろう。

ブントが組織の全力を注いで、そして解体した六〇年安保に森田は参加しなかった。しかしそのときのブントには、みるべき思想も理論ももうなくなっていたのである。ひたすら過激な大衆行動によってみずからの存在証明をしてみせるのだけが唯一残された途であった。それは、あえていいきれば、森田のたどったのと同じ行程であった。というより、森田ならばその無類の現実感覚によってより巧みにやったかもしれないことを、ブントは、浪漫の風に吹かれて、より稚拙にやっただけというべきかもしれない。

そのおかげでブントの解体も早まったのであるから、結果はよかったのであるが、ブント中央が口をひらけば〝国会突入〟や〝首相官邸突入〟を叫んでいるのが私には愚かにみえた。もちろん、ブントの存在意義が〝突入主義〟を実践するという漫画的の一点に縮退していたのは明らかであったから、私とて突入の方針を支持することもあった。しかし、場所かまわず時期かまわずの突入主義が阿呆らしく思われたことも少くなかったのである。とくに五九年一二月一〇日、六〇年六月一八日、諸情勢がまったく不可能と教えているのに、なぜブントは突入を叫んだのか、私には異常心理の臭いすら感じられた。そんなとき、私はひそかに現実主義の系譜を探していたように思う。後になって知ったのだが、その系譜を代表すべき森田は、いわば幻像だけを残したまま、ブントから排除されていたわけである。

実のところ、私は当時の森田を知らないし、後年の彼についても私の知っているのは限られた側面だけである。したがって、私のいう現実主義者としての森田は仮説的の存在なのだといってもよい。つまり、理想主義者の代表として島がいるのならばその逆もいなければ収まりがつかないということである。この点で、ブントは平衡を失していたといわなければならない。

平衡喪失のゆえに独得の組織たりえていたのであるから、それはそれでよいのだが、せめて自分らの過去がそうしたものにすぎなかったのだということを元同盟員にはわかってもらいたいと思う。もちろん、私の現に付合っている人々の多くはそれを理解しているのだが、〝されどわれらが日々〟といったような自己弁護にひたるものも少くないのである。そういう安易な自己正当化を許さないもの、それが森田という存在である。

アジやオルグにおける技能のことをいうのではない。現実というものにあそこまで取組んだ人間に特有の、現実に教えられようとする素直な態度が貴重だといいたいのである。次のような森田の平凡な発言をあっさりと承認できるかどうか、それが平衡回復の第一歩である。

「思い起こせば、私の青少年期は〝餓えと欠乏〟の時代であった。敗戦直後、われわれは、食糧に飢え、人の善意に飢え、思想に飢えていた。私がマルクスの思想に出会ったのは、こういうときであった。飢えすぎていた私は、この思想が私の飢えや渇きを満たしてくれるものと考え、その思想の信者である共産党に飛び込んだ。そして数年間の血のにじむような生活を通じて得たものは、この思想は人類の真の幸福には役立たないという結論であった。いま自分の過去を振り返って悔いる気持ちはないけれど、率直にいって、当時の私はいささか軽率だったのである。もっとじっくりと冷静に理性的に対応すべきであった。友人の慫慂に乗って、マルクス主義の何たるかも十分に理解しないまま、運動の世界に飛び込んだことは、学問研究をめざす学徒としては、少し思慮不足であった。あくまで学問、知識を通じて、堅実な方法で長期的に社会に貢献する道を選ぶべきであった。しかし、これも私の運命だったのであろう」（『人生、七転び八起き』）。

私の場合は、「友人の慫慂に乗った」わけではなく、自分から飛びこんだのであるが、森田の反省の弁はそのとおりと思う。それを「悔いる」気持もないし、それが「運命」だったとも思うが、自分のやったことは「軽率」な馬鹿騒ぎだったと思う。

ただし、ひとつだけ森田のいうことに不満がある。軽率な馬鹿騒ぎの要素はこれからも運命のようにとりついて離れないだろうと私は覚悟している。それを匡正するに足る「理性」も自分のうちにはないだろうと覚悟している。その意味で浪漫は、あるいは理想は、それが私の宿痾なのかもしれないが、ずっと私のうちに巣喰うと思う。つまり私の人生にたいする見晴らしにおいては、少し大仰にいうと、理想主義と現実主義というふたつの急峻のあいだをはしる尾根のうえを、いかに平衡を保って渡り切るかという問題が重要なのである。

この見方に立つと、われらの公式かつ顕在的の指導者であった島と、非公式かつ潜在的の指導者であった森田のふたりは、ブントという名の小さな聖家族のかかえた二律背反を象徴する双頭の鷲だということになるわけである。むろん、左翼であったことそれ自体が、右翼を欠いている以上、すでに平衡を失した状態である。だから、あの聖家族は実に愚かしい集団なのであった。しかし、そこにおいてすら、人生の物語および集団の歴史における平衡感覚の問題が、たとえ歪められたかたちにおいてであるにせよ、胚胎していたといわざるをえないのである。

森田は、今、政治評論家として執筆や講演に忙しそうである。鍋山貞親論を書いていることからもわかるように、彼の関心は左翼批判にむけられている。軽率な読者はそれをありきたりの〝転向〟のもうひとつの例として数え挙げるのであろう。しかし私はそうは考えない。彼は、自分の来歴を抹殺したり誤魔化したり美化したりする左翼出身の言論人が多いなかで、珍しく自己を語りつづけている。自己を曝すのも病理だが自己を隠すのも病理だということを弁えて、森田はそうしているのである。

島成郎についてもそうであったように、森田についても、七歳年上の人間の人生をその襞に分け入ってまで描写する力は私にはないし、本人も多くを語ろうとしない。ただ私は、ブントの流れの先端に位置しているものとして、その淵源に遡及してみたかったのである。

第六章　寡黙な煽動家——長崎浩

小さな石鹸玉がつかのま空中にただよったあと音もなく霧消する有様にも似て、ブントの崩壊は呆気ないものであったらしい。らしい、などと突き放した物言をするのは、崩壊のすすんだ六〇年の後半、私は東京拘置所に閉居していて、ブントが粉々に砕けていく現場には立会っていないからである。独房のなかで私のみることができたのは、当り前のことながら、自分の崩壊だけであった。むろん、自身のうちに空虚の領域がひましに拡がっていくのをじっと観察していれば、自分とブントとが二重写しされ、外にいる連中もまた虚しかろうと推察されはした。

私の感じた空虚はいろいろあるが、その第一はマルクス主義の問題をめぐってのものである。私はマルクス主義が何であるかを知らずに、またそれを知るための暇もなしに、共産主義者同盟のアジテーターになっていた。獄舎に入ってから、さて自分の主義の実態はと、あれこれ文献を読みすすんでみると、それらは私の肌に合わぬ衣裳であり、腹に収まらぬ食物だと思わないわけにはいかなかった。そういう判断に達するのに特別の考察が必要とされたわけではないので、他の同盟員の多くも、ごく自然なかたちで、私のと同様の心境に近づいているのではないかと思われたのである。

となれば、毎日、三〇分間の運動をするために、細長い三角形状の一人用運動場に向う途中で平沢貞通の陽気な顔を、帰る途中には本山茂久の陰気な顔をみかけ、それを契機に殺人とか誘拐についてあてどなく妄想をつむぐのがせめてもの精神活動といった仕儀になる。

そんな次第であるから、拘置所を出て、ブントの飛沫の臭いがかすかに鼻をつくといった様子の少々荒んだ情景を、あろうことか高度経済成長の陽光がようやく地平線を越えて現れた、という模様の背景のなかで、まのあたりにしたときも、さしたる驚きはなかった。高度成長のかもしだす透明感は私の空無感といくぶん通じるところがあったし、なによりも、そうした雰囲気のなかで蒸発していくブントの飛沫のひとつ、それこそまぎれもない自分の姿だと認めるほかなかったのである。

蒸発というのは、要するに、ひとりびとり生きていく途を探して、企業や大学に吸収されていくということである。私の囲りにいたブント派東大生の少からぬ部分が、とくにその重立った部分が、大学に残る途を選んだ。選んだというよりも、それが唯一の選択肢なのであった。私の場合、その唯一のものを与えられるのにも時間がかかったのであるが、ともかく三〇歳を過ぎてから大学で仕事をすることになった。

そうしたことが可能になったについては、少くとも五〇年代前半の共産党や六〇年代後半の全共闘の過激派の運動とくらべて、六〇年安保闘争にたいしては、幸か不幸か、世間の同情がよせられたという事実が作用していたと考えられる。世間はわれわれにたいして寛容であった。そのおかげでわれわれが潜在能力を発揮できるようになったか、それとも甘やかされて潜在能力を腐蝕させてしまったのか、いずれにせよ、ブントの飛沫たちに門戸は閉ざされてはいなかった。そして東大ブントの指導的部分は、おおよそ、大学院の門をくぐったのである。

ブント世代の目立った特徴のひとつ、それは、ブント出自の知識人のほとんどすべてが大学教師だということである。しかも、彼らの過激派体験のことを考えるといささかならず奇妙なほどに、学者でしかないものが多い。学術を操ることに満足している様子だということである。学術を尊重しつつも、それから距離をおき、知性主義をのりこえていこうと努めるものは極度に少い。端的にいえば、ブント出自の思想家をみつけるのが大変に難しいのである。ここで思想家というのは、学術的な知識や世間的な常識の海に身を浸しながらも、そこから頭ひとつだけ抜きん出て、人間社会の海原を眺望しつつ遊泳する人間のことである。大学教師となった東大ブントの連中はいわばアカデミズムの海中に没することに満悦している風情なのだ。例外もいるし、私も例外になりたいと念じているのだが、概括すると、ブント出自の大学教師たちのうちで、己れの属する世代の体験や意見や気分を代表するような思想家になりえているものは極端に少いのである。

高度成長の波浪があまりにも急に、またあまりにも高くせりあがったために、大学教師もまたそれに飲みこまれるしかなかったのだろうか。たしかに、六〇年以降、「イデオロギーの終焉」というイデオロギーで時代が染め尽されたのであって、そこでは、ますます複雑になっていく産業制および民主制にかんする機能的分析が学者階級の第一義の関心となってしまった。それにつれて、観念の固定としてのイデオロギーが終焉したのはよいとしても、観念にかんする論理としてのイデオロギーまでもが融解したのである。観念の論理が軽んぜられるところに、思想がうまれるはずもない。

六〇年安保闘争の昂揚があまりにも牧歌的で、またブント派闘士にたいする世間の対応があまりにも寛容であったために、思想というものにたいする必要も渇望も生じなかったのだろうか。たしかに、ブントの過激性は死活の域にまでは程遠かった。ブントにおけるゲバルトの行使は、国家にたいするものであれ他党派にたいするものであれ、まったく初歩の段階にとどまっていた。

たぶんそのせいで、「平和と民主主義」あるいは「ヒューマニズムと進歩主義」という戦後の観念体系にたいしてブントがぶつけた「革命と自由」の観念は、大略、言葉の次元を出るものではなかった。というよりも、死活の重みを帯びた言葉はまだ吐かれていなかったのである。「漸進と秩序」を欠いたものとしての「革命と自由」の言葉は、いずれ自己崩壊をとげざるをえない種類のものであるとはいえ、ブントの発した言葉はそれ自身の限界にまで到達していなかったといえる。したがってブントは、しばしば、「平和と民主主義」の味方なのだと誤認される始末なのであった。

思想家の不在という事実が、ブントの中途半端さをよく表している。このことが私にはずっと気掛かりであった。自分もまた「元ブント派東大生の学者」に分類される立場になったのであってみれば、彼らの平均値ともいうべき「思想なき学識」をどう評価するかは、けっして他人事ではないのである。左であれ右であれ「翼」という平衡喪失の磁場にありがちな即席の思想家づくりを拒否したのはブントの賢明さといえようが、思想家の熟成を俟つ姿勢をもたなかったのはブントの精神的貧しさである。

旧左翼からの離脱の試みの嚆矢をなしたものとして、ブントがその筋で伝説的な地位にあるだけに、その貧しさはコミカルともグロテスクとも形容できるものとなる。たとえば私は自分の自画像にそうした負の次元が透けてみえていると思った。私が文章というものをいささか本気で書きはじめたのは、その内部の次元との確執を演じなければとの覚悟めいた気持があってのことである。

私は、傲慢にもきこえようが、この種の覚悟において自分には同志はいないのだ、と次第に思うようになった。少くとも私のたまに行き交う「元ブント派東大生の学者」は、ヴェブレンがいうところの「怠惰な好奇心」や「訓練された無能力」を顕わにしている。そういう心性をもつにいたった由縁もそれをもつことの効用も我事のように理解できるとはいえ、彼らの文章から、「生の躍動」といわぬまでも、「生の型」が伝わってこないのである。皆無というわけではないが、あの愚かしい同盟員であったころの魅力的な表情をなんとか持ち永らえようとしているようなブント出自の学者に出会うことは滅多にない。ブントのことが話題にのぼるとき、私が判で押したように「ブントなんか糞喰らえ」という文句をはさんできたのは、主に思想方面の事柄におけるひそかな孤立感のせいであったようだ。

そんな思いを隠したまま、一九七九年の一二月一〇日、私は四谷にある「馬鈴薯」というレストランに出かけた。そこで、ブント結成二〇周年を、厳密には二一周年を記念するための、ノスタルジアにのみ端を発したとしかいいようのない集まりがもたれたのである。出席していた四〇名かそこらの連中がブントにたいして実際にどこまでノスタルジアを実感していたか、それは不確かである。ただ皆が、他人からノスタルジックだと冷やかされてもあまり痛痒を感じずにおれる年頃に達したことだけは間違いなかった。私はといえば、同窓会という酔狂や風狂をかならずしも毛嫌いするわけではないが、自分らの狂躁や狂想をひややかにみつめる態度がもっとあってほしいと思った。さらにいえば、安保闘争も共産主義者同盟も、ある種の「狂気の沙汰」にすぎなかったのだということを自覚する会話や身振りをもっとみたかったのである。

だから、その会合が「インターナショナル」つまり国際学連歌でしめくくられたとき、私はいたたまれぬ気持にかられた。さらにその数日後、「全学連OBと公安警察OBとの同窓会をやろう」という話をもちかけられたとなると、私の不機嫌はつのる一方で、「輪郭なき時代」という短文をある地方新聞に書き送ってしまった。つまり、ブントOBたちの人格が、大衆社会という名の輪郭なき時代のさなかにおいて、溶解していく有様を指摘せずにはおれなかったわけである。

しかしそんな会合ではあっても、私はいくつかの輪郭ゆたかな表情をみることができたのであり、そのひとつに、長崎浩の静かに思慮しているといったふうな姿形があった。彼とはまったく二〇年ぶりに再会したのではあったが、二〇年前とて、彼はすでに東大本郷の数物系大学院におり、私の方は駒場で留年していたので、言葉を交したこともほとんどなかった。長崎が左翼思想にかんする書物を何冊か出版したことは風の便りで知っていたものの、それらは私の関心の埒外にあった。正直にいうと、そういう埒もないことになぜこだわりつづけるのか、奇異の感を拭えなかったのである。

こんな次第で長崎と私をつなぐ特別の経緯はなにもなかったにもかかわらず、私は彼の佇まいのなかに只ならぬものがあるのをぼんやりと感じとっていたように思う。後になってわかったのだが、それは、ブントのしでかした出来事の内面にふかくもぐりこむことをつうじて、ブント的思想というものがもしあるとすれば、その思想の平面をいわば極北の遠くにまで滑走してしまった思想家のただよわす体臭のようなものであったのだ。

それから四年後の同じく年の暮、私は長崎と再会した。死を三カ月後にひかえた唐牛健太郎と唐牛の前の全学連委員長で革共同関西派に所属していた塩川喜信とが同席していた。東大助手共闘の指導者をしていたこともある塩川は、その話題と語り口とにおいて、少くとも私の眼には、左翼人士と映った。そのころの唐牛は、たぶん死を予感してのことであろうが、他人を励ますのに熱心で、塩川の演説のみごとであったことなどを誉めていた。

長崎はほとんど沈黙していた。私も沈黙を守っていたが、ついたまりかね、「長崎さん、左翼ってのは、とくに革命をどうするこうするって話なんぞは、うるさいだけで、疲れるばっかりだと思うけど、あなたはながいあいだ左翼にかかわってきて、率直なところどんな気分でしたか」と尋ねてみた。彼は、苦笑して、しかし即座に、「そりゃ疲れるし、うるさかったよ」と答え、また沈黙した。その横顔に寂寥と苦悩の影が物静かに定着しているようにみえ、私はそれをみやりながら、「そうだ、この人間の書いたものをそのうち読まなくてはいけない」と考えた。ブントについて思索したブントの思想家は長崎をおいてほかにいないと直観したのである。

自分の半生がどんなものであったか、長崎は淡々と語ってくれた。自己韜晦も自己劇化もなしに、自然科学風の正確さをもって語られたその人生を彩っているのは、まじめな心根ということであろう。私たちの時代のとくに理系の東大生にしばしばみられた誠実が長崎において結晶したというか、凝固したというか、ともかく彼は坦々たるまじめの道を脇目もふらずに歩いてきたようである。

長崎は私より二歳年長、つまり昭和一二年の生まれである。東大病院でこの世に誕生し、春木町に在住し、昭和一九年の春に母方の親戚を頼って新潟に疎開した。戦後は葛飾区に戻ったが、一二歳のときに父親が結核で亡くなった。結核は長崎家を残酷に蝕んできたのであり、彼の母親は一二人家族のうちのたったひとりの生き残りであるという。彼女は親兄弟（あるいは姉妹）のすべてと夫とを結核で失ったわけである。そういう母親と二歳年下の弟とからなる長崎の母子家庭にいかなる情緒が流れたものか、知る由もない。彼はただ、自分ら母子が社会というものにたいして防衛的であったこと、そして自分ら兄弟が父親不在のために権威というものの本体を生活のなかでしっかりと体験できずに成長してきたことを振返るだけである。

彼は優等生であった。中学生のとき、生徒会長として区の生徒会連合会を結成しようとして教師につぶされたりしたこともあるというが、彼の本領は、空想的社会主義の気分にひたって永田広志の『唯物史観講話』を読むというように、学習の方面に向いていたようである。両国高校に入ってからも、後に私の友人にもなった加藤尚武と一緒に、民青の学習会によばれて『経済学教科書』を読んだりしていた。

しかし、政治的実践に深入りはしなかった。すんなり東大の理Ⅰに入学し、すぐさま学生運動にかかわりはしたものの、勉学にも精出した。察するに、駒場における彼の左翼活動はいわゆる自弁研に出入りすることが中心であったらしい。

ただし、この自然弁証法研究会は長崎の思想遍歴に重要な方向性を与えたのである。自弁研にあってはすでに黒田寛一や津島忠行のトロツキズムのことが、あるいは反スターリニズムのことが、ごく自然なかたちで弁証の対象になっていたという。しかも、「黒田や津島は科学のことをなんにも知らんじゃないか」といういかにも理系東大生らしい論拠によって、彼ら異端の論客にたいして距離をとることをも覚えていた。

その論拠の妥当性よりも、ちょっと目立つ異端を軽率に権威の座に祭上げるという過激派によくありがちのやり方から自由であったということの方が重要である。こうした経験が一因となって、ブントの崩壊以後にわかに勢いを増したいわゆる「クロカン派」にたいして長崎がまったく引目を感じずにすんでおれたのかもしれない。

いずれにせよ長崎の駒場生活は「一般活動家」とよばれるもののそれに分類されるようである。共産党からの明確な勧誘もなく、結局、彼は共産党に入らず仕舞であった。大学一年生の秋、森田実の指導した砂川闘争には「一学生として参加したが、オマワリさんは恐い、というのが最初の印象だったなあ」という具合である。それでも、測量の期限切れを直前にして学生たちが合唱した「赤トンボ」にたいしては、その幼稚な心情に赤面する思いで、「ヤメロ、ヤメロと叫んだ」ということであるから、単なる一学生ではなかったのだろう。

一九五八年四月、私が東大に入学したとき、長崎は本郷にすすんで地学科の学生になっていた。それからは「大学の勉強は片手間でできるし、本格的な勉強は大学院に入ってからやればよい」との判断で、次第に理学部を代表する実践家になっていく。このあたりのゆったりとした人生のペースが私のような人間にはよくわからないところである。せっかちな若者だった私は、またたくまに自分の限界まで突きすすんで、多くの場合、崖からころがり落ちた。たとえば、革命家になろうと決意し、街頭のアジテーターになり、犯罪者になり、そして革命の虚妄を知るまでに、二年あればよかったのである。長崎にかぎらず理系の人間には、自分のことを変な奴とみなすところから出発している私ごとき人間には、ときとして羨しく、またときには馬鹿らしくみえるような持続性がある。ただし、どちらがより一貫しているかは、見方によるというべきであろう。なぜといって、私には斉合不能と思われた革命家と研究家の関係が、長崎たちにはおそらく斉合可能と思われたのに違いないからである。

五九年三月、大学四年になって彼はブントに加入した。経済学部の星野中および服部信司とともに長崎は本郷ブントの三羽烏となる。ブント指導部が大量検挙された六〇年の一・一六羽田事件では、彼は島成郎を補佐すべくブント本部にとどまり、逮捕されなかった。この直後から長崎はそれ以後あまりにも長く続くこととなった党派抗争の流れのなかに身を投じることになるのだ。

まず、羽田事件のあとで、星野を旗頭にして、反ブント中央の声が本郷から起こってくる。理論的にも組織的にもブント中央は崩壊の過程にあり、一部には道徳的腐敗と糾弾されても仕方のないような事態すら拡がっていた。駒場にも本郷からオルグがきて中央不信の意見が伝えられた。しかし私には、それらの崩壊は私自身において現実性を帯びたものであり、少くとも目前に迫った可能性であると思われた。それに共産党との闘いをやりとげるのに追われていたこともあって、私には本郷の中央批判に耳をかす余裕はなかった。

中央と本郷の対立は四・二六の国会突入方針をめぐって先鋭化した。中央は突入を支持し、本郷はそれに反対した。本郷の現場責任者となった長崎にむかって星野はいったそうである、「いいか長崎、中央のあんな下らぬ奴らのために逮捕されるようなことは絶対にするなよ」と。それで、唐牛たちが装甲車を乗り越えていったとき、長崎は学生たちがその後につづくのを妨げたのである。

安保闘争の激化の端緒となったといわれる四・二六事件で「本郷が日和をみた」といわれる破目になり、このことが本郷ブントの負目になった。そして私にはその反動と思われるのだが、六・三事件や六・一五事件で本郷ブントはつねに先頭に立って首相官邸や国会に突入をくりかえしたのである。今にして思えば漫画的ともいえる戦術論争をめぐって、ブントの亀裂が顕在化したのであった。

四・二六事件については駒場の責任者として私もいっておきたいことがある。駒場では共産党が圧倒的に優勢であり、しかも新入生を迎えたばかりの時期である。こんな状況のなかで、暴力的な事柄について一般に臆病な東大生が国会突入の方針を支持するわけもない。私はブント中央にたいして、「共産党に勝とうとすれば、国会突入ではなく国会包囲ぐらいに戦術ダウンさせなければならない」と伝えた。中央は共産党に勝ってほしいといって、私の方針を了承した。共産党の反対している学生ストライキを是が非でも実現させるのが駒場ブントの第一目標なのであった。

それは文字通りに「是が非でも」であった。例によって詐術めいた策略を動員することにより、勝ち誇る共産党に一泡ふかせるのに私は懸命であった。すでにのべたように、安保にたいするのよりも共産党にたいする闘争が私の主要関心になってしまっており、自己のアイデンティティは、共産党の認めることのできないようなより左寄りの方針をつらぬくことができれば、それで満足されるとみなされたのである。

私の党派性はいうまでもなく下らぬものであったろう。しかしブント中央は党派抗争に明け暮れなければならない私の事情もわからずに、街頭でアジればことがすすむくらいの戦術論しかもっておらず、しかもそのアジテーションすら私にやらせるのだ、といった類の不満が私のうちにくすぶっていた。共産党との抗争がほとんどなかった本郷ブントがなぜ突入方針に反対したのかくわしくはわからぬが、おそらく、突入を叫ぶしか能のないとみえたブント中央を批判したかったのであろう。この点においては私も同じ気分でいたのである。

四・二六事件の現場にもし私がいたとしたら、長崎のように突入を妨げたか、それとも突入を煽ったか、私にはわからない。確かなのは、駒場にかんするかぎり、運動のダイナミズムはようやく昂揚に入りかけたばかりであり、ごく一部の学生しか装甲車を越えていかなかったろう、ということである。私はそれら一部のものと一緒に逮捕されに向ったであろうか。私にはどうとも断言できない。

ただ、自分が直接にかかわった運動のダイナミズムと大きくかけ離れることなく、そのダイナミズムを少しずつ激化させていきながら、最後に、ひそかな予感どおりに自分が崩壊していく、その顚末を安保闘争の結末が訪れるまで見届けたいという欲求が私にはあった。だから、ひょっとしたら、現場では傍観者という最も無責任な行動をとったかもしれない、とすら思われてくる。

なぜこんなつまらぬことにこだわるかというと、長崎は、星野や服部とともに、いわゆる「四・二六神話」にふりまわされすぎたと思われるからである。本郷ブントは、私が拘置所にいるあいだに、革通（革命の通達）派なるものをつくり、「安保闘争を大いなる政治決戦として位置づけるにあたって、ブント中央は不充分であった。六・一八においては六・一五にひきつづいて国会突入を企てるべきであったのに、腰くだけの戦術指導しかできなかったのはそうした政治把握の不徹底に由来する」といったふうな批判を切口にして、ブントの組織改変にとりかかったようである。

「清水丈夫を中心にブントを再建せよ」というのは当時としては尤もな意見であるが、論争の切口がいかにも稚拙である。これでは持上げられた清水も困ったろうと推察される。六・一八なんぞは、六・一五における樺美智子さんの死にたいする大規模な葬式以外のなにものにもなりようがなかったのだ。革通派は、四・二六神話で裏切者の役割を演じてしまった失点を回復しようとして、架空の六・一八神話を物語ったのではないだろうか。

現代資本主義論について、プロ通（プロレタリア通信）派の青木昌彦が「企業の自己金融」を主張して、国家の介入なしに経済過程が進行すると考えたのにたいし、星野は国家独占資本主義論を展開して、国家と経済の密着を重要視した、というような「理論」的なお話には私はなんの興味ももてなかった。人間の生き方と人間の関係について論及しないところに、革命はむろんのこと、突入もありえないというのが私の確信だった。たからである。そして皮肉なことに、それ以後の人生において私が理解したのは、革命も突入も人間の生き方と人間の関係にふさわしくないということなのであった。

ともかく、革通派がすぐに雲散してしまったのは当然の成行である。私が拘置所を出てきてからまもなく、星野が会いにきて、生まじめな表情と物言で、「僕のいったことを服部が単純化して脹らまし、それが切掛でブントは崩壊してしまった。責任を感じている。自分は実践はからっきし駄目なので、君がもし僕を使いたいと思うなら、存分に使ってほしい。唐牛にも同じことを申し入れたんだが、断わられた」という。私は、「僕はもう完全にからっぽですから、これからひとりになって考えてみるつもりです」としか答えられなかった。

革通派はこの前後に最終的に解体した。それを確認すべく長崎が『安保闘争における共産主義者同盟』という論文を執筆していたことは、つい最近になって知ったことである。革通派の惨めな破産の責任は星野と服部が負うべきものであって、長崎はおおよそ免責される立場にいた。それで彼が革通派の最期を看取ったのであろう。

その論文の末尾に「安保闘争はまさに、われわれが現状把握を欠くことによって、絶えず抽象的な〝反スターリニズム〟の立場か、〝戦術の真剣さ〟の立場を強制されたことを示したのだ。……われわれは、現在、残念ながら、同盟の革命的再建の背後をなす革命理論の創造のほんの入口にしか立っていない。われわれは、日々生起する情勢の革命党としての分析と方針の提起とともに、これらの創造にむけて組織活動を、今こそ展開しなければならない」という文句がある。長崎も、この創造活動が自分ひとりのものになるとは、また四半世紀に及ぶものになるとは、見当がつかなかったとみえる。まして、それがある意味で反革命の理論になるとは夢想もしなかったであろう。

彼の顔写真が警察にファイルされていなかったために逮捕・起訴されなかったことは、革通派の解散をとりしきる役にまわったこととならんで、長崎の六〇年以後に小さくない影響を及ぼした、と私は推測する。彼自身はこの影響の存在をきっぱりと否定するのだが、しかし、長崎がブントとはなんであったかという問いを自己に課しつづけて已むことがなかったについては、逮捕・起訴を偶然にも免れたという事実が微妙に作用していたのではないか、と私はどうしても考えてしまう。

ある出版社の企画で長崎と私が対談したとき、彼はのっけから「裁判になった、被告になったというのがとくにどうというんじゃないけれど、実際、ある種の有形無形の足枷みたいになってはいたでしょうね」と話しかけてくる。そして「僕は捕まらないで、もちろん裁判にもかけられなかった。それはそれで、掛値なしにちょっと幸運なことだったと思っているんです」ともいう。単純すぎる説明であることを承知のうえでいうと、まじめな長崎のことだから、この幸運を財産とみなして、それを蕩尽する義務をすすんで担ったのだ、という仮説を私は捨てきれないのである。

本文を書くにあたって私は長崎の書物をいろいろ読んでみた。『叛乱論』、『結社と技術』、『政治の現象学あるいはアジテーターの遍歴史』、『超国家主義の政治倫理』そして『革命の問いとマルクス主義』、それらすべてがブントの経験を投射した政治論であり、同時に、六〇年以後の政治の経験を逆射したブント論である。

いずれにせよ、これほどブントに拘泥して言葉を吐いた人間はほかにいない。話し言葉によってブントに執着したものはいるが、書き言葉において彼の右に出るものはいない。私のように、拘置所の独房でブントから解き放たれる自由を感じたようなものは、その逆の場合を長崎において想定したくなる。つまり大きな国家からの自由が、小さな反国家団体であったブントからの不自由を招いたという場合である。

根拠薄弱の推理はこれくらいにして、長崎の人生を追ってみよう。六二年、大学院の修士課程を終って博士課程に入り、北海道幌満の岩山を材料にしながら岩石学の研究をすすめ、あわせて本人の表現によれば「マルクス主義の見直し」に打ち込む。六三年、いま私と同じ大学にいてインド研究者として著名な暢子夫人と結婚し、物生研の助手になり、そしてその直後に『中ソ論争と現代』で東大五月祭賞を受賞する。私はこの論文をまだ眼にしていないのだが、「安保闘争で問題になった様々の論点とつきあわせながら、マルクス主義の見直しの必要を論じたもの」であり、竹内好の激賞をうけたという。すでに安保闘争の最中に、彼は「若きマルクスから何を学んではならないか」という小論を書いており、それからもずっと、疎外論への過剰な傾斜を排撃する姿勢をとっていた。つまり、黒田寛一にみられたような、主観主義を批判しつづけたともいえるし、ブント的な行動主義を擁護する論拠を執拗に求めつづけた、というふうにもいえるであろう。

六六年に第二次ブントが形成される。それには加入しなかったが、かつて第一次ブントの理論機関誌であった雑誌・共産主義の復刊準備号に『戦後政治過程の終焉』を発表し、精神的な支援を惜しまなかった。この論文は、「日本における政治の行動の内的腐蝕」の原因を、「憲法秩序＝平和と民主の体制」という「本来体制的なものが、反体制者の運動のスローガンとなる」という倒錯のなかに見出すものである。

そのほかいくつかの政治論文を書くことをつうじて、長崎の関心の焦点は、いってみれば、流動しゆく大衆化状況のなかでいかに大衆的叛乱を組織するかというところに集まっていった。そうした組織化の母体となる「結社」の性質、またそうした結社の分子である「アジテーター」の性格、といったようなきわめて実践的の問題が長崎によって周到に論じられはじめたのである。

彼は、最近、ふともらしている、「僕のような個人主義者が組織についてあれこれ考えるなんて、変な感じだった。そういう変な気持にさせられてしまったというのが、六〇年安保にたいする僕の唯一の被害者意識だなあ」。つけ加えると、長崎のような研究者肌の男がブント由来の行動主義を背に負うというのも変な巡り合わせではある。もちろん、その逆をゆく私の巡り合わせも変な調子なのではあるが。

六八年の秋、広松渉や古賀暹などによって雑誌・情況が発刊され、そこに長崎は『叛乱論』を発表する。時代はまさしく全共闘世代の叛乱が頂点にのぼりつめようとしている状況にあった。長崎論文は若者たちに多大の反響をよび、その号の雑誌もすぐ増刷になったという。たぶんそのせいであろうが、いまでも私は、飲屋で全共闘世代の人間に会うと、ときどき長崎のことを尋ねられる。

その論文を中心にして編まれた書物『叛乱論』の帯には次のような宣伝文が印されている。「熱情的背叛としての狂気…近代の技術的合理主義は自らのうちに自己の否定をはぐくみ、それと断絶した地点に熱情的背叛としての狂気――祝祭としての叛乱――をみる。近代を峻拒する叛乱論の試み」。

しかし、私のみるかぎり、この論文は狂的でも熱情的でもない。むしろ健全で平静だという印象をうける。「党は叛乱の地盤そのもので生き、同時に叛乱のヘゲモニーのために叛乱のうちに技術的頽落の宿命を背負う。……ヘゲモニーとしての党もまた、一個の叛乱者である。アジテーターと大衆の根源的関係は叛乱から党へと幾重にも循環して運動する。党は叛乱の憤死か、叛乱の技術的転落かへの分解に抗し、両者の弁証法的相剋によく耐えるものとして党なのである。党はたしかに背理である。だが、この背理は党の宿命である。党はまさしく叛乱の生であり死である」。

この文章から政治の過剰を感じるであろうような、たとえば大学人や企業人は、「党」のことを学問や商売と読みかえ、「叛乱」のことを経験や人生と読みかえ、「アジテーター」のことを知識人や経営者と読みかえ、そして「大衆」のことを読者や顧客と読みかえてみられよ。長崎のいっていることは、生きるという仕事における理論と実践、認識と経験、職業と生活、集団と個人、それら一切において妥当することなのだ。長崎の文体がつくりだす妙に落着いた雰囲気は、そういう広いパースペクティヴが文章の裏に張り合わされていることによると私には思われる。

実際、長崎は「全共闘運動に心情的に興奮させられることはなかった」と認めている。「ただ、戦術問題において全共闘が旧ブントを完全に抜いている、ということだけははっきりしていた。それで、戦術問題と組織問題の関係について考えてみなければ、と思ったんだ」ということである。だから彼は、東大助手共闘に側面から援助しはしたが、その最前線でハッスルするようなことはしなかった。

七〇年には物生研の助手を罷めて、それからの一〇年間、あちらこちらの研究所を転々としながらアルバイト生活をやることになる。全共闘運動の崩壊につれて第二次ブントも分裂し、赤軍派、戦旗派、叛旗派、情況派などが乱立する。長崎は情況派に属したが、それもやがて分裂し、彼は、高橋善彦、篠田邦雄、石井暎禧などとともに「遠方から」という小派を形成する。それは左翼の大衆運動に直接かかわることなく、というよりもはや左翼であるかどうかすら不明瞭な、五〇人くらいの結社であった。

七一年に出版された『結社と技術』は、わかりやすくいえば、現代におけるブランキスト宣言である。ブランキとは、パリ・コンミューンにいたるフランスの動乱のなかで秘密結社によって蜂起を起こそうとした人物である。「この近代の百年が示すものは、ただ、《叛乱はあるのだ》という事実だけである。そして、叛乱があるたびごとに、いつも闘うもののうちに、《ブランキスト》はあるのだった」。

叛乱という形態のなかに長崎が具体的にどういう内容を盛り込もうとしたのか、また叛乱のはてになにを獲得しようとしたのか、私にはわからないし、彼にもわかってはいなかったろう。むしろ、叛乱という形態のうちに永遠の相（理想）と瞬時の相（現実）

のあいだの際疾い平衡を、彼の表現でいうなら「尾根道」を、垣間みるのが長崎の思う生の充実だったというべきであろう。

彼のいうブランキズムも叛乱も、いわば精神現象学の次元につなぎとめられていることに留意すべきである。つまり、叛乱というおおいに物理的な次元に言及し、また実際にもそれになにほどか関与しながらも、長崎が凝視しようとしていたのは、自己の精神が惑乱していく模様であり、その惑乱のただなかにほのみえてくる精神の静止の可能性なのであった。同書のなかで彼が、カール・シュミットのようなファッシズムの論客とみなされてきた人物にたいして親近感を隠さないのも、こうした精神の惑乱と静止を感得するためには、あえて危険なものにふれる必要があると考えてのことであろう。

七五年から七八年にかけて、長崎たちが実際になした叛乱は、「地方党」を名告って地方選挙に介入することであった。その内実が長崎の思う叛乱のていをなしていたかどうか、たぶんそうではないであろうが、ともかく規模においてはなかなかの長征ぶりである。青森、山形、茨城、新潟、富山、島根、高知、佐賀、長崎、熊本というふうに、彼らの遊説はくりひろげられた。ロッキード選挙のときには、茨城NHKの選挙速報の討論会に「地方党」幹事長の名前で出演したというのだから、少々驚かされる。

オイル・ショック以後の日本社会のゆらぎは、地方財政の逼迫や既存政党の地方組織の動揺をもたらしていた。それに乗じて、「地方党」はある意味でのファッシズム運動をこの島国に展開したものらしい。このファッシストという表現は、彼らの自称なのである。第一に保守・革新の枠をはみでて第三勢力になろうとしたこと、第二に反労働組合の旗を公然と掲げたこと、第三に農本主義めいた言辞をあからさまにしたこと、などを数えていけば、なるほど日本型ファッシズムの団体のようにみえてくる。

七八年、三里塚闘争が激しくなったとき、長崎たちはその農本的運動のひとつの成果として反対同盟に相当の影響力を行使していた。その力量を用いて、彼らは政府高官との秘密交渉を継続していたのだが、詳細をここで書留めるのは憚られる。しかし同時に、この頃から「地方の時代」は自民党の政策体系のなかにくみこまれ、また日本がオイル・ショックからの立直りに成功したことも明らかになるにつれ、彼ら「地方党」の存在意義も薄れてくる。翌年には、篠田によれば「もうなんにもやることも、できることもなくなってしまった」という状況になる。

長崎は七〇年代を振返って「無駄な時間が流れていったということかなあ」と述懐する。こういう長崎の正直さを私は好きである。いや、正直というのは不適切であって、自分の過去を突き放してみつめる勇気というべきであろう。いずれにせよ、八〇年からは長崎はほとんど沈黙したままで現在にいたっている。七七年に『政治の現象学』と『超国家主義の政治倫理』とを著わしたきり、目立った執筆活動はしていない。八四年に出版された『革命の問いとマルクス主義』も七八年頃に書かれたものである。

八〇年、彼は東北地方の田舎のある医療施設に、リハビリテーションの専門家として、職を得た。アルバイトで神経科学方面の研究所で働いていたことがあり、そのときの研究成果を買われてのことだという。妻子と別れてのいわゆる単身赴任という生活であるが、篠田との個人的付合だけは持続していて、私にはどんな内容か想像もつかないが、篠田によると「月一回、右翼大物との大接近を楽しんできた」とのことである。その間に唐牛が上京してきて、足早に身罷っていった。そのおかげで私は長崎に再会した。

長崎の表情には考えることに憑かれ、そしてそれに疲れたものに特有の寂しい明るさのようなものがあった。私の記憶では、長崎は穏やかな研究者タイプの男ということにすぎなかったし、長崎の記憶では、私は「世の中、革命しかやることないですからねえ、といいながら陽気に登場した男」にすぎなかったのであった。そんな疎遠な関係にあったからこそ、私は新鮮な気持で長崎の表情を眺めていた。また私はブントのことを意識のうえでおそらく誰よりも早く放逐したし、彼はそれを誰よりも遅くまで持ち永らえた。こんな対称にあったからこそ、不意に長崎のことが気になりはじめたのかもしれない。

唐牛への悼辞において長崎は次のようにいっている。「唐牛健太郎の死は、〝安保世代〟にとって、いわば幻の召集令状の署名者を失ったということであろう。自分たちのアイデンティティのリファランスたる存在が、存在として失われるとき、ひとは自分の仕事の位置をも深いところで失うのであり、そのことは徐々に気づかれていくであろう。

気づくということが、ロイヤルティへの抽象的な意味での〝殉死〟でなくてなんだろう。私自身は、これまで毎日、革命の力の字ぐらいについては考えてきた。しかしもうやめだ」。

ここでも私は長崎と対称の位置にいる。簡略にいえば、私はすでに六〇年に殉死の真似事をしており、それゆえ生残ったもの同士としての唐牛は私の友人にすぎなかった。唐牛にとっても私はそうしたものにすぎなかった。唐牛は私の素晴しい友人であり、腹の立つ友人であり、不愍な友人であった。私の場合、アイデンティティなるものを見失ったまま四〇歳を過ぎ、それからようやくにして自分の宿命らしきものを感じたとき、そこにはブントがいた。唐牛という具体の死によって、ブントという抽象が生き返ったといってもよい。

少し説明を加えれば、自分の志向する保守的精神の奥底には、ブントの物語を成立たせていた幼い浪漫精神がいま現在もあり、またそれがなければ保守なんぞは精神の硬直にほかならぬと悟った。したがって、古き価値が再び巡り来たるものとしてのリ・ヴォルーションつまり革命についてならば、力の字くらいはこれから毎日考えてやろうと思う。そう思うとき、長崎の二〇年間にわたる叛乱論の仕事が私には貴重なものにみえてくるのだ。叛乱論の内容というよりも、それをつらぬいている長崎の精神の型は、頑なな構えのうちに伸びやかな思考を展開していて、「翼」に属してきたものにしては珍しい平衡感覚をたたえている。

実は、長崎の叛乱論と私の保守論（あるいは大衆論）はほとんどホモロガスなのである、つまり同型なのである。たとえば『政治の現象学』における次のような文句は長崎の思想の枢軸をなすものであろうが、それは私の考えの核心でもある。

「人びとの行為の主観性と、政治的形成の客観性とのこうした関係は、それ自体が不断に自らを変え、自らを再形成していくものとしてしかありようもない。そうでなければ、関係はスタティークでどうどうめぐりの循環におちいるほかないからだ。政治に根源的につきまとう二元論は、このようにして自らを展開していくのであり、革命という危うい尾根道に沿ってこの展開過程を記述することを、私は仮に〝政治の現象学〟と名づけたのである」。私ならば、「保守という危うい尾根道」に沿っていくことが「伝統精神の現象学」なのだといいたいところであるが、要するに、ちょっと変換をほどこせば、彼我の考えは同一の構造をもっているとわかる。

またほかの例をあげると、『結社と技術』において、長崎はアジテーターを次のように定義している。「〝知識人〟や〝大衆〟あるいは〝労働者階級〟といった社会的規定性が打ち壊され、〝何者でもない者〟として政治に登場する者たち」、それがアジテーターだという。私は、そういう「何者でもない者」を「真の知識人」と「真の庶民」との二面性を備えたアリストクラット、つまり「勝れた者」とよびたいし、その登場舞台は政治にかぎらず言葉の世界の全域に及ぶといいたい。

ともかく、アジテーターにせよアリストクラットにせよ、それらは覚悟をもって選びとられた生の方向性である。

同書において長崎はいっている、「私たちの経験の成熟が、時代にたいする私の〈覚悟〉となる。覚悟などという大仰な物言いが、私にある静謐な境位を開くというのではない。経験世界への退行でもなく、法則の実証へと自分の生を外化させることでもなく、私の〈覚悟〉は、総じてこうした方途への不断の苛立でしかない」。私もこれと同種の苛立をもち、その苛立に自分なりの品位を与えるべく保守の精神へと近づいていったのであった。

長崎も私も、すでにブント体験のなかで、「集団性と個人性のあいだの分裂」という表現でまとめられるような生の分裂のおびただしい徴候をみてきた。この分裂を直視しようと努める点で、ふたりのあいだにたいした差はない。しかし、私の思うに長崎はその分裂をあまりにも熱心に促進しようとしすぎたのではないだろうか。

『政治の現象学』の結語は次のようなものである。「政治は、決意して、ひとの生き方も実務の道をも断念しなければならない。これはちょうど、個的決意の極限で、ひとが大衆の生き方の世界を去らねばならぬことに対応するのであり、政治と個は、このように極北で、はるかに拮抗しあう以外にない。もとよりこのダイポール（二極）が、現実の政治や大衆の生活世界を〝否定〟することなどできはしない。いつも、政治や生活は現実のうちで生起するしかないが、その著しさを自らのうちで無化しようとする努力が、政治をも個をも、それぞれの極北へと追いやるのだ」。

長崎の政治と個とは、実際に能うかぎり遠くまで発散し、分裂してしまった。そして『遠方から』のメッセージを虚しく発しつづけた。両極のあいだに張られた尾根道を長崎は覗きみたのであるが、尾根伝いの細い途をいかに渡るかについては論じなかったし、きちんと実行しもしなかったようにみえる。

もしそうしていれば、長崎もまた、「現実」のうちのどこかに尾根伝いの平衡術をめぐる智慧が、浪漫的のものまで含めて、秘められている可能性に気づいたのではないだろうか。そして、その可能性を了解するならば、叛乱をむしろ抑止する必要すら生じることにも気づいたのではないか。簡単にいえば、長崎は一方で政治の残酷を引受けようとし、他方で人生の孤独に耐えようとしたのである。だが、そんなことがあの優しく穏やかな長崎にできるわけがない。

なぜ長崎は、自分と同様に優しく穏やかな人々がそうした両極分解に苦しみ、その苦しみのなかで両極のあいだの綱渡りをかろうじてなしうる智慧を発見し、それらが伝統となって堆積している、というふうに考えなかったのだろうか。仮にそんな堆積の存在など幻想にすぎないとしても、そう幻想するのでなければやっていけぬ、と考えるべきであったのだ。とはいえ、私とてそう考えるようになったのは、長崎が沈黙に入った八〇年あたりからのことであるから、明察を誇る謂はなにひとつないのである。

最近、長崎は医学博士となり、ある老人医療の施設で働くために上京してきた。思想的には、長崎の沈黙はまだつづいているといってよいのであろう。こんなひどい時代にあっては沈黙する方が賢明であるという気がせぬわけではないが、様々の因果があって、ひどい時代であればこそ饒舌を逞しゅうしようと構えているのが私の場合である。失語症と多弁症のあいだで平衡をとるのが言語的動物としての私たちの課題なのだとすると、両者ともに言分があるとはいえ、双方において問題含みだといわなければなるまい。

私が沈黙しつづけていたあいだ長崎は喋りつづけていた。このような両者の対称性からして、私が喋るのをやめるとき長崎も沈黙をやめるのではないか、と予感されはするものの、すでに試みずみの交代劇をふたたび繰り返すのも愚かであろう。願わくばそれぞれの言葉遣いが適正、適量、適宜であってほしい、といっておけばそれでよいのかもしれない。しかし、さて、それら適当性の基準がどこにあるかとなると、明示された基準があるはずもなく、とどのつまり、そうした基準を探し求めて、喋ったり沈黙したりするといった循環のうちにまたしても投げ出されるのであろう。

長崎の書物を読んでいると、また長崎と話していると、人間の気質というものがいかに決定的な、しかし屈折した、影響をそのひとの人生および文章のスタイルに与えるものであるか、という平凡な事実にあらためて思いいたる。自分の気質（ヒューモア）から逃れることの不可能を知るのが諧謔（ヒューモア）ということなのだ。自分の発揮してしまう格別の真摯さが気質的のものであることを知悉しているせいであろうが、彼の生まじめなスタイルにははにかみと剽軽の要素がまじっており、それが彼に都会的なセンスを与えている。

叛乱といいアジテーターといい結社といい、彼の選んだ論題はそのセンスと微妙にずれるところがある。ブントが雛型として示した左翼過激派の叛乱は、いってみれば、地方人のバーバリズムに根差すところがあり、事実、ブントのアジテーターには私を含めて田舎者が多かった。要するに、長崎は自分の気質にかならずしもふさわしくない課題を生きようとしたのである。そういう生を選択してしまうのもまた長崎の気質の奥深い次元をなしているのだとはいえ、それが無理やりの選択であれば、どこかで終止がくるのである。

いま彼はようやくにして自分の気質の全体と無理なく整合するような生の型をみつける必要を認め、それをみつけるために沈黙している。彼の沈黙はそのような種類のものだと私には思われる。たったひとりでブントの思想を担いつづけたこの静かな男は、いま、自分の担ったいわば塩俵の辛い中身が時代の流れのなかにすっかり融解してしまったのを感じているのであろう。その身軽な感覚は虚無であると同時に自由でもある。長崎の前にはなおも尾根道が、つまり虚無と自由のあいだの尾根道がある。私もほぼ同型の尾根道を伝っているのであってみれば、是非ともここで声援を送りたいわけである。

終章 充実への幻想——思い出の人々

六〇年安保をめぐって追憶すべき人物は以上で尽きるわけではない。ただ、私の回燈籠にはあまりにも多種類の面相が描きこまれており、それらすべてを文章に移すとなると、際限を失ってしまう。とくに私の場合、ブントあるいは全学連の指導部の最弱年であったせいで、組織の上層のみならず下層にも通じうる立場にあり、有名、無名の墓標が入りみだれて、わが記憶の霊園はひろい拡がりをみせている。

私はブントや全学連のことをながいあいだすっかり忘れていたというのが正確なところである。ところが、本文を書きすすむにつれ、あの歴史の一齣がいきいきと復元してくるのを感じることができた。そうした感覚の細部にむやみに深入りするのは感傷にすぎない。しかし、歴史とは物語のことにほかならず、そして物語とは戦士たちに与えられる墓碑銘のことなのだ、ということを再確認させられるにあたって、厖大な数の人物が私の脳裡に登場したのである。

たとえば加藤昇のことである。著名な陶工の家系から出てきたこの早大生は、底抜けの明るさと稀にみる大雑把さとを看板にして、全学連の副委員長をしていた。しかし私の記憶に甦ってくるのは、満身の創痍をひとりで荒療治すべく、虚無的な構えのうちに緻密な勘定をはじきながら、ビジネス文明の渦中にのりだしていった加藤の後姿である。

またたとえば駒場のT君のことである。私のある失敗した策略の実行者として、彼は酸素ボンベと屎尿瓶と飲食料をたずさえて、共産党員の徘徊する部屋の床下に四〇時間ばかり潜んでいた。それまでも寡黙であった彼は、それ以後、ますます言葉少なになったようである。真暗闇のなかの身動きすらままならぬその四〇時間がもっていた主観的の質量というものについて、私は大きな罪悪感とともに小さくない好奇心をいだかずにはおれない。

さらに駒場の茅野寛志のことである。彼は重症の喘息患者でありながら、あたりの忠告を振りほどくようにして、安保闘争のみならず、その直後における三池闘争にも駒場を率先して参加したという。私は東京拘置所にいてそのことを知らなかったし、また出所したときには、彼はすでに亡き人になってしまっていた。疲労による心臓衰弱のためである。心身の活力を焼き尽そうとするパッションは私にもあったし、ブントを支えていたのはそういう熱情めいた気分だけだったといってよい。しかし、実際にムイシュキン公爵を思わせるような人間の生死に出会うと、自分のパッションが良くも悪くも純度の低いものだったということを認めさせられて、粛然とした気持になるのである。

またさらに佐藤粂吉のことである。東北大生で全学連中執をやっていた彼は、六〇年のあと、主に土方の仕事によって生活しつつ、思想的の文章を書きつづけている。彼にあって、〝ブントとはなんであったか〟という論題は不変であり、その思索の結果が私信のかたちで友人たちに送り届けられる。彼の思考はヴォルテージが高すぎて、私の頭上を越えていくことが多い。しかし時として、彼は魅力的な思想の稲妻を発するのであり、そんな折、職業的な物書きにしては自分の努力が足りないと思い知らされる。

というふうに辿っていくと、切れ目なくいろんな人間が現れてくる。彼らは私にとって過去の記憶という領域にあり、そのかぎりでいうと、彼らについて考えることは墓碑銘を刻む作業に似ている。しかし同志たちの過去の表情がなべて示してくれるのは、人間の生というものが綱渡りにも喩えられるべき際疾い作業だという一事である。

そういう作業ならば、いま現在も私自身が引受けなければならないものであり、そのことに気づくと、過去は単なる過去ではなくなる。歴史はすべて現在史にほかならないのであって、元同志たちの綱渡りにおける平衡術は、成功したものにせよ失敗したものにせよ、私の現在のうちに生きはじめるのである。

このように、私にとってブント体験は、最高級とはいわぬまでも、おおいに貴重な精神的財産のはずなのであった。それなのに、そんな財産目録があるのを四半世紀にわたって失念していたのはなぜであろうか。

私は過激派政治に特有の死の臭いを嫌ったのだと思う。いや、死というよりも殺戮というべきであろう。その周辺から殺戮の臭いが消えるまでは、ブントの記憶に帰還することなど願い下げであった。六〇年以後の四半世紀がもつなによりの有難味はそうした死臭を時間の風によって追払ってくれた点にある。

もちろん、ブントは政治的殺戮というものを経験していない。ただし、少くとも私にかんするかぎり、共産党との争闘をつうじて、六〇年の春には、このままいけば自分は彼らを殺すか彼らに殺されるかするであろうという濃厚な予感をもつ段階に達していた。私が左翼であることをやめた理由はいくつもあるが、そのうちで重要なものに、マルクス主義にたいする失望とならんで、この予感を振払ってしまおうという決断もあったのである。

殺人へとほぼ論理的に展開していくであろうこの憎悪の心理機制は、あるいは、マルクス主義的メンタリティの一部をなすものなのかもしれないが、ともかく憎悪の過剰は、しかもそれが一元的に累積していくのは、私には重荷であった。だから、六〇年のあと何年かして、他人を心のかなり深い水準において愛する力が自分のうちにあると思うことができたときには、仮にそれが錯覚なのだとしても、素朴な喜びを感じたのであった。

ところが、自分では左翼過激派の心性をきっぱりと拒否しておきながら、全共闘世代が暴れはじめると、私は彼らへの心情的な支持をひそかに脹らませてもいたのである。全共闘派の大衆運動の最期というべき事件なのであろうが、駒場全共闘が民青にたたきつぶされたことがある。その日、さる経済研究所のアルバイト学生であった私は、ある教授に会う用事で駒場へ出かけた。全共闘派はまさしく敗残の姿をさらしており、そして駒場の教師たちはプレハブでできた臨時の建物のなかに待機し、トランプや文字合わせのゲームに興じていた。いや、興じていたというのは当らない。教師たちの表情には疲労と荒廃がにじみでており、正視するのは失礼と思われるほどであった。しかしそうわかりつつも、私の同情は出口なしの状況に追いこまれた全共闘派にのみよせられたのである。

こんな気分で過していたものだから、連合赤軍事件の報道は応えた。リンチの陰惨ぶりもさりながら、私は、自分の思想の曖昧さを思い知らされてうろたえたのである。六〇年のときすでに、私はこうした類の政治的殺戮を我身のうえに、そして「翼」一般のうえに予感して、それでひとりになったはずである。それなのに私は、そうした孤立の決断を自分にうながしたもっとも主要な動機についてすら、明確な思想的表現を与えることができずに無駄に年くってきたのだ、と思わないわけにはいかなかった。

「翼」体験をまったくもたぬ妻が、「一〇年前、あなたは左翼内部の殺し合いの可能性についてしきりに喋っていた。そのとき、私にはなんのことか見当もつかなかったが、こういうことだったのね」というのをきいて、私はますます落ち込んだ。近代経済学の数学いじりを呑気にやっているうち、私の感性も理性も一〇年前より退化してしまったわけである。滅多に反省というものをしたことのない私も、「人間についてもっとしっかり考える習慣を身につけておかなければ、これは酷いことになるぞ」と自分にいいきかせた。私にとっての「酷いこと」とは後悔多き人生のことにほかならない。

最近、ある全共闘世代の友人が、酔いにまかせてといった素振を装って、「あなたがたはなぜ六〇年の経験のもっとも大事な部分を次の世代に伝えなかったのか」と私に文句をいったことがある。その男およびその男の友人たちにとって、「もっとも大事な部分」とは人間の政治的殺戮に、しかも無効の殺戮に、直接にたずさわることのようであった。

たぶん幸運なことだったのだろうが、私たちの世代にとって政治的殺戮は予兆の域をでるものではなかった。もし六〇年代が暗い時代であったならば、私たちは自分らの暗い予感を他者に伝達可能なかたちにまで固めることもできたのかもしれない。しかし、あの明るい高度成長のなかでそれをやるには、私たちは決定的に力量不足であった。それどころか、その明るさに照射されて、僅かの力量すら蒸発させていったというのが実情なのである。

なぜ私はまだ現実のものにはなっていなかった政治的殺戮の問題についてああまでナーヴァスになったのであろうか。それは、おそらく、自分のなしたいくつかの政治的詐術を論理的かつ感情的に延長してみたとき、その果てになにか途方もなくグロテスクなものが出現するのを感じていたせいではないかと思う。というより、そうした詐術こそは過激派政治に本質的にはらまれる残酷さの初期的症状なのであった。

自分が贋の委員長であったことはすでにのべた。もう一例をあげてみると、四・二六へむけての駒場のストライキも詐術を多分に含むものであったのを思いだす。定例の代議員大会をひらくと私たちが共産党に負けることははっきりしていたので、私は大学当局におもむいて「代議員大会を禁止してほしい」と要請した。「ストライキを提案し審議するような代議員大会は認めない」という内規があるのを逆手にとって、「私は委員長としてストライキを提案する予定でいるので、当局は代議員大会のための教室使用を禁止するのが筋である」と申入れたのである。A教授は私の馬鹿正直としかみえない申出に怪訝な面持であったが、もちろん、あっさり教室使用を禁止してくれた。

私の目論見は、ストライキ審議を認めない当局を批判することによってストライキの雰囲気を盛上げることにもあったが、それ以上に駒場寮の大食堂を代議員大会の会場に使用する点にあった。異例の場所で緊張感も高まるであろうし、なによりもよいのは、その安普請の建物では、どんな発言も天井にはねかえって雑音めき、そして騒音は一般に過激派に有利であろうと判断したのである。

それでも議長は共産党にとられ、かならずしも順調にことはすすまない。私は、第二段の思惑を使って大会が終結する間際に、委員長が議長を兼ねたいと提案した。「ストライキが決議された場合、その提案者と議長を退学処分にする」という当局の内規を逆用して、「万が一、私のストライキ提案が可決された場合、被処分者は少い方がよい」という趣旨をのべたのである。退学処分の嫌いな共産党は私の提案を受入れた。

私の算段は、議長が票を数えるという慣行を利用し、票読みを少しでも誤魔化すことにあった。脚の速いK君をそばに配置して、「ストライキ決定」の宣言をした途端、混雑にまぎれて証拠物件の投票用紙をいずこかへ持去る手筈もととのえていた。すべてが思惑どおりにいって、四・二六ストライキが決定された。

ちなみに私は退学処分をうけずに戒告だけですんだ。後日にある教授から教えてもらったところによると、六・一五事件以後、私たちに同情的となった教授会は、「寮食堂の代議員大会は当局の管轄外のものである可能性がつよいし、さらに、委員長に呼出をかけたものの、所在が不明であり、本人に尋問せずに処分を下すわけにはいかない」というふうに理屈づけたのだという。

こんな種類の詐術を大小とりまぜてやりつづけていた私は、当然のことながら、共産党員たちの刺すような敵意が私に向けられているのを感じていた。それゆえ、五・一九の国会強行採決の夜、国会のまわりの暗がりで五、六人の男たちに不意に拉致され、殴られたとき、彼らを公安警察とか右翼とかであるとは少しも考えずに、共産党員に違いなかろうと決め込んだのであった。

そのころの私には、一九三〇年代、トロツキーの息子の死体がセーヌ川に浮んだのと同じようにして、自分の死体もいずれ隅田川に浮ぶというイメージがとりついていた。私のそのグロテスクな夢想は案外のリアリティをもって私の精神に覆いかぶさっていた。私のなしていた詐術はしょせんコミカルなものにすぎなかったといえる。しかしそれが自動的に繰り返されるようになると、やはりグロテスクの様相を帯びてくるのである。そんなグロテスクな生がグロテスクな死の夢想をつくりだしたのであろう。

駒場、それは、月並な表現だが、私にとって青春の墓場である。そういう場所でいま教師の仕事をしているのだから、私の場合、因果の小車はいったいどんな巡り方をしているのか。というような言方をすると、かつてそこを青春のしかも民主主義的青春の祭場とみなしていた人々はおおいに不愉快を感じるであろう。しかしわかっていただきたいのは、当時の私は「ブント派の駒場委員長」という仮面を被っていたということである。その仮面は「平和と民主主義」という題名のドラマのなかで「革命と自由」という名の敵役を演じるためのものであった。

いまの私は、「平和と民主主義」も「革命と自由」もそれぞれに偏倚した価値にすぎないと考えている。それぞれ人間の徳であるのだとしても、それらが一元的に過剰に追求されると、「平和と民主主義」は偽善と欺瞞という不徳に、そして「革命と自由」は破壊と放縦という不徳に転落すると考えている。必要であったのは、「平和と民主主義」と「革命と自由」のあいだで二者択一することではなく、両者を折衷することでもなく、両者の矛盾・葛藤のなかで平衡をとりながらより高い次元の徳へと総合していくことであったのだ。そうするための能力も訓練も欠いていた以上、私の被った仮面はグロテスクな様相を帯びるほかなかったのである。

お前の詐術だらけの指導で傷ついた大衆にたいする責任はどうするのか、といった批判が左右の両翼から私によこされることがいまもある。喧嘩ばやい私は、いったいどこに傷ついた大衆がいるのか、大衆の無責任な追随によって指導者が傷つく可能性についても考えてみたらどうか、とつい口走りたくなるのだが、それをいうのは下品だし、自分が傷ついてもいないのにそれをいうのはますます下品である。さしあたりは、国家権力が私の責任を追及してくれたことによって、私の責任感をめぐる帳尻は合っているのだ、といっておくことにしている。

ここでいわゆる転向の問題について一言しておかなければいけないのだろう。私は左右の両翼から転向者よばわりされたことが幾度かある。右もわからぬ若い学生や会社員から、「転向についてどう思いますか」などとしたり顔で尋ねられもした。てっとりばやくいうと、卑しく愚かな人間は跡を絶たぬわけであるから、こういう手合にいちいち応対していては身がもたぬというのが私の感想である。コンヴァージョンについては、つまるところ、次のようにいうしかあるまいと思う。

拷問のような物理的強制によって転向するのは人間の弱さの表れであろう。そして、弱さを克服し切れぬのが人間の逃れがたい制約であるからには、拷問による転向者を蔑むのは己れを知らぬ卑しい所業である。他方、自発的選択によって転向する場合、その是非は転向の内容と過程に即して論ぜられるべきものであり、それは非転向の是非についてもいえることであろう。

非転向が転向よりも常に勝ると決めこむのは、変態をしない蟷螂が変態をする蝶々よりも勝れているというにひとしく、愚かな見解である。もっというと、転向の次元と非転向の次元のあいだで、可変性と不変性のあいだで、平衡を保つよう努力するのが人間の生である。責任感とは、こうしたものとしての生が社会の規範に合っていれば褒賞をうけ、それに反していれば制裁をうけるものと覚悟してかかることなのではないか。そうならば、私の場合、責任の帳尻はおおよそとれているのだ。

ところが、六〇年当時においてすでに、帳尻の合わぬことを私はやっていたのである。それは、ほんの一例をあげれば、他大学の学生にくらべてあまり傷つかない位置に駒場の部隊を配置しようとしたひそかな企てとして表れた。たとえば六・一五事件のとき、明大、本郷、中大、駒場という主要部隊のうちで駒場の逮捕者や負傷者が目立って少いのは、南通用門の前の打合わせにおいて、駒場が比較的に安全な左側の位置を選んだからではないか。本当にそうかどうかは確言できないが、少くとも私は瞬間的にそう判断して、素知らぬげにそうしたのであった。いずれにせよ、私は他大学の学生の受けるであろう被害について冷淡であろうとしたのは事実である。

私の指摘したいのは、こんなミニアチュアの状況描写それ自体についてではない。一介のアジテーターのうちに生起する、平凡ではあるが忘れがたい心の葛藤のことについて言及したいのである。私は突入を叫んで学生たちを国会南通用門にまでつれてきた。私のつけた仮面はそうすることを要求していた。その仮面を外すことなど私にはできなかったし、そうする気もなかった。しかし、安保闘争もブントも結末を目前にひかえているのは瞭然としており、私の仮面の演技にいささかの昂揚がみられたとしても、それは幕引を間近に予想してのことにすぎなかった。

そういう心境にあった私は、直接に責任をもっている駒場の学生たちには、せめて、傷ついて然るべき場面にいてなおも傷つくことが少い、という帰結になってほしかったのである。とくに女子学生には後方にさがってもらいたく、彼女らの顔を前線にみるたびに「さがれ、さがれ」と怒鳴っていたのを憶えている。自分の部隊を傷つけるような状況に追いこんでおきながら、それを傷つけないでおこうとする、私はそんな指揮官にすぎなかったのである。

厳密にいえば、部隊とか指揮とかは名目ばかりで、学生と機動隊とのアナーキーな衝突があったというのが実際のところであったから、私のいうのはあくまで私の内面に生じた心理の流れについてのことである。暴動のまっただなかで自分の心理を読むのに心を傾けているような人間でもアジテーターとよばれるのに価するとしたら、私はそういうタイプのアジテーターなのであった。私のみならず、駒場ブントの連中は、坂野潤治、加藤尚武、河宮信郎などをはじめとして、たいがい、そういう自閉した気分をかかえもち、表面ではせいぜい陽気に振舞っていたのではないだろうか。

ありていにいうと、駒場ブントは肉体も精神も疲れ切っていたのである。ブントは全体として困憊していたわけであるが、とりわけ駒場ブントは、共産党との抗争を劣勢なままに連日連夜つづけなければならないという事情にあったために、疲労の蓄積も大きかった。駒場ブントが誇りにできるのは、たったひとつ、この疲労にまがりなりにも耐えて六・一五の国会突入までもちこたえたということだけであった。

そういう次第であったから、私が拘置所を出てきたとき、誰も私に近づこうとすらしなかったのは、よく理解できるところであった。疲労しか与えてくれなかった指導者に近づけという方が無理なのである。哲学も理論も組織もないうえに、時間までないとなったら、それはもうどんづまりというやつである。まったく誇張なしにいって、私はそうしたないないづくしの見本となったわけである。もちろん、引かれ者の小唄をうたうのは趣味ではなかったので、私は人前から姿を消した。

ひとりになってすぐわかったのは、私の自己診断に間違いはなかったということである。集団のなかで有能ぶるお芝居がいよいよ断末魔を迎えたので、ひとりになってみたら、予想どおり私は認識の面においても生活の面においても無能なのであった。そういう人間にかまうほど世間は暇ではない。

私のなしえたのは、読みすすむにつれて厭きてくるといった調子でマルクス経済学の書物をめくったり、下宿の薄壁をとおしてきこえてくる共同トイレの排泄音に耳塞いだり、枕元の蚰蜒を丹念につぶしたり、要するに、無聊をかこつことぐらいであった。それでも、週に二日か三日は裁判に出廷し、また食いつなぐために週に三日か四日は家庭教師をやっていれば、物理的には味気ない時間の流れをなんとかやりすごすことができたのである。

いや、正確に記しておこう。加藤と坂野は、被告仲間として、私が無聊に苛まれているのをみかねてときどき声をかけてくれた。また数学科の大塚隆一と哲学科の中垣行博は、どういうわけか彼ら自身も無聊をかこつような生活をしていて、ときたま私の相手をしてくれた。ありていにいえば、一緒に酒をのんでくれた。六一年から六四年ぐらいまでの間、私にはそういうちょっとした応対が嬉しかったのである。

今にしていえることだが、その頃、私は頻繁に飢えに見舞われていたのみならず、飢えから解放されるための積極的努力を放棄していた。だが、一週間食べずにいると、高校のときの悪友が就職のために上京して私を探し当ててくれるというような不意の幸運が舞込み、そんなことが何回かつづくと、自分はツイている人間なのだと思ってしまうという段取になるのであった。

安保闘争とブントの経験から私は多くのものを獲得したはずなのに、それらを一言で表現せよといわれたら、疲労と孤独という言葉がまずでてきてしまうのである。そういえば、ある作家が「学生運動なんて女を獲得したくてやるんじゃないの」といっていた。統計的にはそのとおりなのだろうが、私の場合は逆である。異性と別れなければそういう運動をすることができず、また異性との接触を絶っておかなければそういう運動からの立直りも叶わぬ仕儀であった。いや、そういう言方は厳密ではない。駒場ブントには美貌で聡明なIさんがおり、彼女のひたすらな行動力によって私を含め多くの同盟員がつねに励まされたのであったし、私が世間のなかにふたたびでていくに際してもひとりの女性が掛替のない精神的助力を与えてくれたことも認めなければならない。

しかし、ならしていえば、そうした種類のことは疲労と孤独という色調の前に色褪せていく。私は興奮と連帯の仕種をいくども演じたし、それらを希求したのも事実に相違ないのだが、現実は疲労と孤独にまみれたままに終ったのである。それが私の六〇年およびび六〇年代前半の真実であり、私はその真実に感謝してもいる。六〇年の出来事は小さいながらも私たちの世代にとっての戦争であり、一一・二七、一・一六、四・二六、五・一九、六・三、六・一五というふうに打ち続いた小さな戦役のなかで私は鍛えられ、そして一・一六、六・三および六・一五にかんする小さな軍事裁判が私をいっそう鍛えてくれもしたからである。

いや、軍事裁判というのは比喩としても誇張にすぎよう。六〇年安保の件で実刑になったのは唐牛健太郎と篠原浩一郎のふたりだけであり、それとて実際に刑務所にいたのは三、四カ月にとどまる。全共闘世代の受けた法罰とくらべると私たちのは信じられぬくらいに軽かったのである。

私が六・一五事件で実刑にならなかったのは、前にもふれたように、山田鷹之助裁判長の温情判決のおかげである。確たる証拠はないのだが、ほかの被告仲間によると、たとえば篠田邦雄の眼には、「山田さんは西部のことを特別扱いしていた。俺たちが裁判所でパンを食べたり新聞を読んだりすると、山田さんは烈火のように怒ったが、西部が同じことをしても、〝そういうことをしてはいけませんよ〟なんて優しい口調だったもんな」というふうに映ったらしい。それほどではないにしても、いわれてみれば、それらしき気配があったことは否定できない。

私が裁判所のなかで、たぶん栄養失調と寝不足からきた貧血で、倒れた日のことである。裁判が終ったあと、山田裁判長は私に裁判官室にくるようにという。いってみると、「君はいったいどんな生活をしているのかね」と彼が質問する。私が「まあなんとかやっています」と答えれば、彼は「ともかく、きちんとした生活をしなければいけない」と諭し、私は「ええ」と肯く。裁判官と被告の間柄であるから、お互い言葉数も少く、おおいに照れてもいたのであるが、ともかくあれは温情のシーンではあった。

そんな次第で、六・一五の二〇周年で元被告人たちの集まりがあったとき、私の発案で、おそらく八〇歳に近づかれているに違いない山田元裁判長も招こうということになった。「お誘いは有難いが、裁判官と被告がこぞって往時をなつかしむという光景は前代未聞のことなので、遠慮させてもらう」、という考えてみれば当然の、返事がきたのではあるが。

私は退学になるべきところが戒告ですみ、実刑になるはずのところが執行猶予がついた。大学院を受けたときも、指導教官の推薦状が必要であったのに、大学に出席していなかった私には指導教官がおらず、さらには、そういう書状が必要だということすら知らなかった。私が有資格者でないと判明したのは、大学院当局が合格発表をしてしまったあとのことで、私は特例として認められたのだという。これらのことはすべて、人生の評価など最後の帰結をみるまではわからないとはいえ、やはり幸運だったといってよいのだろう。

もうひとつだけ自分の幸運を数えさせてもらうと、青木昌彦に勧められて、近代経済学の論文で大学院に入ったのもよかった。近代経済学そのものに心から親しむことはついにできなかったが、私は、幾人かの勝れた近代派に接することができた。内田忠夫、嘉治元郎、宇沢弘文、小宮隆太郎、村上泰亮などの諸氏は、なによりもその公平で明晰な精神によって、過激派政治のためにかなりにささくれだっていた私の気持を和らげてくれた。結局のところ、私は近代経済学を批判し、それから離反することになりはした。しかし彼ら近代派との交際における清涼の気分を忘れることができないのである。

こういういくつかの幸運が可能になったについては、六〇年代という時代背景がどこかで作用していたのではないだろうか。後智慧としては様々に解釈できようが、あの時代にはひとの気持を滑らかな上昇過程に入らせるマグネティック・パワーのようなものがあったに違いない。私の気持は、おそらく例外の部類に属するていどに屈折し沈滞していたといえるのだが、しかしそんな私にも達するほどに時代の放射能は強かったのだ。

そういう放射能を吸収しているとも自覚できずに、私の自意識は、一九六四年の夏、北海道石狩の海辺で、自分が極小化と極大化の両極端に引裂かれる感覚を味わっていた。

私は一人の女性と一緒に小高い砂丘のうえに腰を下ろして、北国のひえびえとした海と寒そうに身をこごめる海水浴客とを見下していた。その海辺の風景が次第に一枚の巨大な絵画となり、私自身もその絵画のなかに徐々に溶け込んでいって、最後には、自分が一個の砂粒になったように感じられた。と同時に、その風景の拡がりをすべて収めている自分の眼が途轍もなく大きなものに感じられた。

その一瞬があまりにも森閑としたものであったために、東京でかかえこんだいろんな屈託がすっと消えていき、心身が洗われるのを感じた。こうした感じにつづいて、自分もこれからひょっとして喜怒哀楽を素朴に感じることができるのではないか、ということは、どうにか「きちんとした生活」に近づけるのではないか、という思いが意識の底でかすかに動いたように感じられた。これが私のコンヴァージョンなのであった。

おそらくこのあたりから、ブントのことは私のなかで無視しうるほどに小さな重みしかもたなくなった。ブントを後生大事にかかえている元同志がいるという風聞に接するたび、私ははっきりと嫌悪を覚えるようになったのである。ブントという得体の知れぬホブゴブリンにたいし自分をサクリファイスとして供するという儀式において、人後に落ちぬ頑張をしたという自信が私にはあった。その私がそういう頑張の愚かしさをいやというほど自覚させられたというのに、私より頑張の少かった連中がブント印の衣裳を羽織っているのが笑止とみえたわけである。

しかし四〇代の半ばになり、いわば人生における「闘いの周期」がおおよそ終了した段階で、私は、唐牛の上京と死が手引になって、多くの元同志と再会した。そこで理解したのは、私のとは違った方式によってではあるが、深刻なコンヴァージョンを、転向というよりも転回を、なしとげたものがたくさんいるということであった。少くとも私はそういう人々にひきつけられた。

彼らが自分の転回の模様を問わず語りに喋るのをきいていると、それぞれが起こるべくして起こった事態を物語っているように思われた。しかもそれら必然の物語からいくつもの明確な自由意志の型が浮び上ってくるのであり、あえていえば、彼らは必然と自由との弁証法にかんする範例を私に呈示してくれているのであった。

私たちの人生はこれからいわば「保守の周期」に入っていく。つまり、いままでに闘いとった精神の領土を統治し陶冶していくほかない段階にいたっている。そのためには、まず自分の獲得した、あるいは喪失した領土の性格を知っておく必要がある。さらに、自分のなした闘いの性格も知っておかなければならない。そういう過去への遡行をなしていくと、好むと好まざるとにかかわらず、ブント体験が小鬼のように頭をもたげてくるのである。

ブントにかかわるなかで、私は人間の逡巡、卑怯、裏切、傲慢、軽率、詐術といった現実性を他人のうちに、そして自分のうちにみた。同時に、人間の決断、勇気、信頼、謙虚、慎重、誠実の可能性を他人のうちに、そして自分のうちにみた。こうした人間の様々な二面性がめくるめくかたちで眼前に、あるいは心奥に、くりひろげられるのを私はみた。自分のみたものの本体についてまだ明確に認識もできず表現もできなかったために、かつての私は苛立ち、疲れ、そして寂とした気分にとらわれていた。

私にもっと能力と経験があったならば、自分のみた人間の二面性をよりヴィヴィドに感受し、そこでよりダイナミックに生きることができたのであろう。要するにブントにおける過激性とは体裁ばかりのもので、私たちはつまるところ未熟だったのである。その見本が私だったということなのかもしれない。

しかしそうだとしても、そういう未熟な馬鹿騒ぎに人生を賭けるような気質から私はいまも自由になれないのであり、私に成熟なり賢明さなりの訪れがあるとすれば、その宿命としかいいようのない自分の精神の勾配をきちんと測定するところからしかやってこないであろう。そしてその測定作業のなかで、私は自分が依然として危機のなかにいるのだということを発見するだろう。私の思う保守の態度はそうした危機をくぐりぬけるためのものである。つまり生の矛盾、葛藤、逆説そして二律背反のなかでの平衡術のようなものである。

そしてこの平衡術は、成功のみならず失敗の教訓をも含めて、「過去から伝えられた行為の統辞法」としてのトラディションのうちに、つまり伝統のうちに、蓄えられている。むろん、生の綱渡りをなそうとする意欲それ自体は未来への理想なり希望なりからうまれてくる。しかし、どんな理想や希望をいかにつくりだすかとなると、またしても過去を参照しなければならないのだ。私の場合、その過去帳からブントの名を消すことはできないのである。

こうした真実をもはやまぎれようもなく知るのに、私は四半世紀を俟たなければならなかった。ほかの連中も大同小異であろう。すっかり熟年だか実年だかに達したブントの連中がときどき集まって酒をのんでいる。自分らの世代がそれ以前ともそれ以後とも異なるという当り前の事実にのみ支えられて成立っているこれらの集まりは、いってみれば、腐れ縁のようなものである。しかし、この腐れ縁を断ち切ったとて、なにか特別の善き事態が出来するわけでもないのだ。そうならば、この縁に生命力を吹込むべくできるだけの努力をしてみる方が得策と思われる。一度死んでしまった人間関係を蘇生させるくらい過激な試みもまたとない。よりひろくいって、過去の物語を現在に活かすのが保守の構えであり、そうでなければ「保守の周期」なんぞは頑迷に堕ちる。

人生の折返し点をすぎ、各人各様に死の影を背負うようになったればこそ可能になるような、活力ある生というものもあるのではないか。もっとも困難なことにもっとも関心をもつということが過激性だとするならば、私の最後に発したいメッセージは、「おのおの方、今度こそ本当に過激に生きようではないか」ということに尽きる。

あとがき

ブントという乗合馬車の走行時間はたった三年にすぎなかったものの、そこにはかなりに多彩な乗客が居合わせていた。したがってブントについて回想するとなると、いくつもの人間類型をオムニバス風に描出していくほかなかった。しかし総ての類型をとりあげることなど不可能であり、結局、きわめて恣意的に、自分にとって関心があるのみならず、自分にとって回想し易い人物を列挙してみたまでのことかも知れない。ブントといい全学連といい、オムニアムギャザラムつまり「ごたまぜ」だったのであってみれば、私のそういう勝手なやり口にも諾《うべな》うべき理由があるだろうと読者が考えて下さるよう期待する。

回想にあたって私はできるだけ感傷を抑えるよう努め、また感傷が必要なときには、それが感傷であることを明記するよう努めた。それにもかかわらず、私は、自分が感傷主義に流れるのを避け切ることはできないだろうと覚悟していた。さらに、こういう種類の回想には、どう争っても、感傷主義のレッテルが張られてしまうだろうと覚悟しもした。そうと知りつつも、私のセンチメンタリズムは経験の形成における感情の役割を探るためのものなのだということについて、読者が賢察して下さるよう期待せずにはおれない。

六〇年安保およびブントについて回想するのは、これが最初であり、また最後でもあるだろう。六〇年をめぐる事柄は私が大人になるためのイニシエーションであった。そしてこの書物は私の壮年期のターミネーションであり、それは直ちに老年期のイニシエーションでもある。老年期にはまだ早すぎるという気もせぬわけではないが、自分たちの老いから死にいたる過程を明瞭に意識しはじめたという意味で、いわゆる六〇年安保世代は、いま、死をいかに死ぬかという課題を引受けなければならないような生の周期に入りつつある。おそらくそれは、精神の内部において、肉体の内部において、そして精神と肉体の関係において、困難な平衡作業をやりつづけなければならない周期であろうし、そうならば、それは最も活力にみちた周期になるはずなのである。いまにしてわかるのだが、六〇年の当時、私たちの父母の世代は、私たちのようなとんでもない息子や娘たちをかかえながら、まさにそうした周期を迎えていたのであった。
したがって本書は、六〇年安保世代の父母たちの総てに捧げられる。

本書に登場していただいたひとたちは、貴重な時間と労力を割いて情報と意見を提供して下さった。心からお礼申し上げる。また本書の序章から第六章までは雑誌「諸君!」（文藝春秋）の一九八五年七月号から八六年四月号にかけて間歇的に連載されたものであり、その間、斎藤禎編集長には大変お世話になった。さらに本書の作製にあたって出版局の竹内修司氏と茂木一男氏にお手数を煩わせた。皆様に心からお礼申し上げる。

一九八六年八月一八日

西部　邁

〈解説〉西部さん、そして唐牛さんの思い出

保阪正康

本書の元となる月刊誌連載が始まったのは、昭和六十年(一九八五)である。西部邁さんが、自らがブントの指導者として関わった「六〇年安保」時の運動のゆく末と指導者たちの一群の姿を二十五年を経て回顧した書である。現在から逆算すれば三十三年前に著された書ともいえる。

そして西部さん自身、今年(二〇一八年)の一月に自裁死しているから、本書は貴重な証言(あるいは重い回想録というべきか)として歴史的な意味をもつことになった。

本書の頁を繙《ひもと》きながら、ここで用いられている学生運動的用語、あるいは政治用語をとくに違和感もなく読める世代は今や限られているであろう。大まかな言い方になるのだが、五十代以下になるとひとつひとつの語に註釈も必要になるだろうし、西部さんが紹介しているかつての同志の名なども、改めて調べなおさなければならないように思う。それなのにあえて歴史的意味という語で、本書を語るのはそれだけの人間的重みがあるということである。

西部さんは昭和十四年三月の生まれと聞くが、やはりこの書で紹介されている篠田邦雄氏も昭和十四年の生まれで、この年代について西部さんは、「私たち（昭和）一四年生まれ」は、「社会的反抗にはじめて自覚的にとりかかったとき、そこには左翼の混乱があった」と書いている。戦後民主主義の始まりに小学校に入学した世代、つまりきわめてナイーブに民主主義教育を受けた年代になるのだが、その年代が二十歳前後で初めて出会ったのが、いわば「六〇年安保騒動」だったのである。

そして共産党、社会党を始め既成の左翼政党と一線を劃して、暴力革命を志向するブントにとびこんだのだ。本書は北海道からとくに左翼的な知識もなく、まして何の文献も読んでいないで東大の学生となった著者が、その政治闘争の渦中で何を考えていたか、いかなる形でこの闘争と関わったのかを説き明かしている。つまりこの書は、戦後日本の左翼運動の正直な姿を綴ったという意味で貴重なのである。左翼運動への関わりというのは、実は日常のなにげない気まぐれから始まるのであり、その後に行われる政治闘争もまた「政治」の一形態であると訴えた書だということになる。

西部さんが二十五年を経て、こうした過去の苦い記憶をそのまま記録として残そうと思ったことについて、「空虚な祭典」の章で二つの理由があると明かしている。ひとつは「信友」であった唐牛健太郎の死であるという。そしてもうひとつは、「自分のうちに次第に頭をもたげる保守的心性のこと」だというのである。この後者について、二十五年前に過激派だった「私」が、「真正の保守派になろうと決意している自分」とどこでどう折り合いをつけるか、それをこの書でけじめをつけたいというのである。

この書は心からの友であった唐牛氏への追悼を、もうひとつは自らの再出発のスプリングボードにしようというのが目的だとはっきり明かしている。そのつもりで読んでいくと、西部さんはできるだけ正直に、そして唐牛氏への心くばりを示しながら、筆を進めていることがわかる。戦後左翼の過激な学生運動に名を列ねている西部さんと唐牛氏は、その運動によって何に気づいたのか、そのことがときに遠回しに語られている。

西部さんが唐牛氏を心底から悼んでいるのは(あるいは彼をして破滅的な人生に追いこんだのは、といっていいのだが)、次の文章である。ここには西部さんの本音がさりげなく明かされている。

「高校時代は無口な文学少年で、北大時代は僻地で子供を教えることを私の兄と語っていたような、母親思いの変哲のない青年に十字架を背負わせたのはブントである」

そう書いたあと、西部さんは「こんなことは、歴史とはたいがいそんなものなのだから、いったとて詮ないことではある」とも断じている。あたかも堕落したようにつくられていく「唐牛評」にがまんがならないというのが、西部さんの怒りである。ナイーブな青年の心を傷つけた左翼運動、それを逆手にとっての誇りに、西部さんとしてはがまんがならなかったということであろう。

本書に関わるこうした思いを書き続けながら、実は私は西部さんとも唐牛氏とも少年時代に面識があるという事実を明かさなければならない。本書にも書かれているが、西部さんは厚別という駅から札幌市内の柏中学校に越境入学していた。私は西部さんと同年の生まれだが、西部さんは早生まれだったので学年は一年上である。私は白石という駅（札幌から函館本線で二つ目、厚別は白石の次の駅だった）からやはり越境入学していた。私が中学一年生で、西部さんが二年生、毎朝、そして帰りの折りにも二年間、毎日共に通った。そのころ西部さんは吃音がひどく、私はそれに慣れてというより、毎日会話を交していると、西部さんはときに吃音ではなくなった。私たちはとにかく札幌駅の待合室で、列車の中で、いろいろな話を続けた。

私は西部さんが単に学力が秀れているだけではなく、新聞を読んで興味のあるニュースを説明してくれるのが楽しみでもあった。

高校、大学は異なっているので、交際は切れた。しかしこの六〇年安保の稿を書く十年ほど前であったろうか、文藝春秋のH氏やA氏が、二人が少年期の友人であったというので、引き合わせてくれた。西部さんは東大助教授、私はノンフィクション作家となっていて、ときに会って昔話を交すようになった。西部さんが本書で書いているようなことは大体、私も聞かされていた。「あのころの総括をするつもりだ」と言ったのは、つまりこの本を書くことだったのである。

東大教授を辞める前夜、電話がかかってきた。明日の新聞を読んで驚かないでほしい、東大を辞めるんだ、と言った。私は無謀だと答えた。教授会への雑言を口にして、もう耐えられなくなったんだと言っていた。その後何年か経て二人で雑談をしているときに、「保阪君はいいなあ。ノンフィクションというのは毎日風景が変わるんだろう」と言う。「僕なんか論理をひねって現実を批判しているだけだからなあ」とも言う。「西部さんは小説を書けばいいのに……。そういう文体だよ」と勧めると、若いころはそう思ったよ、と答えた。

しかし本書を読んでもわかるとおり、西部さんは教養小説（日本の文学の一ジャンルだと思うが）の筆調をもっている。それを生かすべきだと、私はなんども勧めた。もう小説なんか書く気はない、と答えていたが、しかしその才能は本書の人物評の中に凝縮しているのではないか。とくに私は、西部さんの単語の用い方が独自の知性に彩られているように思うのである。

そして唐牛健太郎氏である。私は高校時代にほとんど勉強をせずに、映画監督になるんだ、脚本家になるんだ、と自分の関心のあることに熱中していた。札幌に脚本家を目ざす独自の勉強会があり、主に北大生が中心であったが、私は高校生なのにそんなサークルに出入りして脚本とは、とか戯曲は…と論じあっていた。いつも四、五人が集まっていた。その中に唐牛氏がいた。北大の二年生で、将来は映画監督か脚本家になりたいと言っていた。二、三回顔を合わせたあと、「こんど北大の教養の自治会の委員長になるからもうこれないよ」と去っていった。

私の印象では、まだ坊ちゃん刈りをした笑顔が屈託のない少年だったように思う。その唐牛氏のイメージは、西部さんの表現を見てもわかるとおり、生活に疲れた表情に変わっていったことがわかる。私は本書の中で、唐牛氏が自らの作り話を他人に語っているとのエピソードに接しながら、ああ、あのころはどんなストーリーの脚本を書くかを話し合っていたなあと思いだしては涙が出てくるのである。

本書は単行本の刊行時に、すでに私は読んでいた。今回文庫化されるというので改めて読み直して、唐牛氏も逝き、そして西部さんも逝ったと思うと、私は無常観に捉われてしまうのだ。私は京都の私立大学でブントの末端をうろうろしていたていどの「六〇年安保」体験だったにすぎないが、そういう一学生の存在から見て中央の指導部が背負いこんだ人生の重荷に驚かされることも付記しておかなければならない。

（ノンフィクション作家）

DTP制作　ジェイ エスキューブ

西部邁（にしべ・すすむ）
1939年北海道生まれ。東京大学在学中に全学連中央執行委員。東京大学大学院経済学研究科理論経済学専攻修士課程修了。横浜国立大学助教授、東京大学教授。88年辞任後は執筆活動やテレビなどで保守論客として活躍。94年に「発言者」を創刊、後継雑誌の「表現者」顧問を2017年10月まで務める。著書に『ソシオ・エコノミックス』『経済倫理学序説』（吉野作造賞）『大衆への反逆』『生まじめな戯れ』（サントリー学芸賞）『サンチョ・キホーテの旅』（芸術選奨文部科学大臣賞）『幻像の保守へ』『ファシスタたらんとした者』『保守の遺言』など多数。2018年1月21日に自裁を遂げる。

文春学藝ライブラリー
思19
六〇年安保《ろくじゅうねんあんぽ》 センチメンタル・ジャーニー

2018年（平成30年）6月10日　第1刷発行

著　者　　西　部　　邁
発行者　　飯　窪　成　幸
発行所　株式会社　文　藝　春　秋
〒102-8008　東京都千代田区紀尾井町3-23
電話（03）3265-1211（代表）

定価はカバーに表示してあります。
落丁、乱丁本は小社製作部宛にお送りください。送料小社負担でお取替え致します。

印刷・製本　光邦
Printed in Japan
ISBN978-4-16-813074-8

文春学藝ライブラリー

（　）内は解説者。品切の節はご容赦下さい。

中島岳志
ナショナリズムと宗教
インドで大きな政治的勢力となったヒンドゥー・ナショナリズムとは？　イスラムを敵視し、激しい暴力に走る、その内在論理に肉迫する。フィールドワークによる政治学はここまで到達した！

西部邁
大衆への反逆
田中角栄論、オルテガ論などを収めた、著者の原点を示す評論集が待望の復刊。「大衆化した保守主義」までを容赦なく斬る。現代保守論壇の重鎮による初期代表作。

文藝春秋編
常識の立場
俗論に流されず、貫き通した持論とは。小泉信三、田中美知太郎、大宅壮一から福田和也、石原慎太郎まで、碩学十三人が「文藝春秋」誌上で一石を投じた「常識」の集大成！

文藝春秋編
天才・菊池寛
逸話でつづる作家の素顔

小林秀雄、舟橋聖一、井伏鱒二など縁の深い作家や親族が織り上げる、「本邦初のプロデューサー」菊池寛の様々な素顔。生誕百二十五年を記念して「幻の書」が復刊！（坪内祐三）

ジョン・メイナード・ケインズ（松川周二編訳）
デフレ不況をいかに克服するか
ケインズ1930年代評論集

デフレ不況、失業、財政赤字、保護貿易など、今日にも通じる問題に取り組み、果敢に政策を提言した1930年代のケインズ。今日なお示唆に富む諸論稿を初邦訳。（松川周二）

文春学藝ライブラリー

（　）内は解説者。品切の節はご容赦下さい。

保田與重郎
わが萬葉集

萬葉集が息づく奈良県桜井で育った著者が歌に吹きこまれた魂の追体験へと誘い、萬葉集に詠みこまれた時代精神と土地の記憶を味わいながら、それに遺された幸せを記す。（片山杜秀）

柳田国男（柄谷行人編）
「小さきもの」の思想

『遊動論　柳田国男と山人』（文春新書）で画期的な柳田論を展開した思想家が、そのエッセンスを一冊に凝縮。柳田が生涯追求した問題とは何か？　各章に解題をそえたオリジナル文庫版。

岡崎乾二郎
ルネサンス　経験の条件

サンタ・マリア大聖堂を設計したブルネレスキ、ブランカッチ礼拝堂の壁画を描いたマサッチオの天才の分析を通して、芸術の可能性と使命を探求した記念碑的著作。（斎藤環）

坂本多加雄
天皇論
象徴天皇制度と日本の来歴

偏狭なナショナリズムではなく、戦前と戦後という断絶を、納得して受け止めるに十分な「国家と国民」の物語。保守論壇の巨星が遺した『象徴天皇制度と日本の来歴』を改題、文庫化。

田中美知太郎
ロゴスとイデア

「現実」「未来」「過去」「時間」「ロゴス」「イデア」といったギリシャ哲学の根本概念の発生と変遷を丹念に辿った、「人間とは何か」を生涯考え続けた「日本のソクラテス」の記念碑的著作。

文春学藝ライブラリー

（　）内は解説者。品切の節はご容赦下さい。

郡司勝義
小林秀雄の思ひ出

その近くで活動を見つめた者だけが知る「日本最高の知性」の真実とは。小林秀雄の思想と人物を考える上で必読の、側近による回想録がついに復刊。小林秀雄ファン必読！（武藤康史）

岸信介　矢次一夫　伊藤隆
岸信介の回想

動乱の昭和史において常にその渦中にあった名宰相が、刎頸の友と近代史家を前に語った「わが人生」とは？　満州、戦争、そして60年安保の真相。巻末資料として巣鴨日記も収録。

山本七平
聖書の常識

聖書学の最新の成果を踏まえつつ、聖書に関する日本人の誤解を正し、日本人には縁遠い旧約聖書も含めて、「聖書の世界」全体の見取り図を明快に示す入門書。（佐藤優）

龍粛（本郷和人編）
鎌倉時代

鎌倉時代には京、鎌倉と権力の中心は二つあった。鎌倉幕府と親密に付き合った優雅で強かな貴族が、朝廷で権勢を誇っていたことを明らかにする日本中世史研究の金字塔。（本郷和人）

玖村敏雄
吉田松陰

2015年大河ドラマ「花燃ゆ」で要注目！　高杉晋作、久坂玄瑞、伊藤博文らを育てた「松下村塾の熱血教師」の激しい生涯。全集編纂者による名著復活。（小島毅）

（　）内は解説者。品切の節はご容赦下さい。

山崎正和
対談　天皇日本史

この国の歴史は天皇の歴史でもある。古代・天智天皇から昭和天皇まで九人の帝と、天皇制の謎について、稀代の碩学たちと語り尽くす。

小坂慶助
特高　二・二六事件秘史

首相官邸が反乱軍により占拠！　小坂憲兵は女中部屋に逃げ込んだ岡田啓介首相を脱出させるべく機を狙った——昭和史最大の事件の知られざる一面を描く緊迫の回想録。（佐藤優）

本田靖春
現代家系論

没後10年、ノンフィクション作家・本田靖春初の著書が復活！美空ひばりから徳川家・皇族まで代表的日本人の一族の姿に迫り、戦後日本社会の姿を浮き彫りにする。（後藤正治）

岸田秀　山本七平
日本人と「日本病」について

責任をとらない日本の体質。その根っこには何がある？　歴史学者と精神分析学者。二人の権威が「日本病」について語った白熱対談。（福嶋亮大）

江藤淳
一九四六年憲法——その拘束

アメリカの影から逃れられない戦後日本。その哀しみと怒りをもとに、戦後憲法成立過程や日本の言説空間を覆う欺瞞を鋭く批判した20年の軌跡。（白井聡）

文春学藝ライブラリー

（　）内は解説者。品切の節はご容赦下さい。

日本文化会議編
西欧の正義　日本の正義

国際化の進行は、異文化間の衝突を招く。古代ギリシアから二十世紀の東西冷戦時代まで、価値観、倫理規範、法意識などの観点から「正義」のあり方について検討する記念碑的討論！

E・G・ヴァイニング（小泉一郎訳）
皇太子の窓

戦後まもなく、当時の皇太子（現在の天皇）の英語家庭教師となったヴァイニング夫人が、ともに過ごした日々を瑞々しく綴った回想録。敗戦後の日本の風景も浮かび上がる。（保阪正康）

新渡戸稲造
世渡りの道

『武士道』の著者にして国際的教育者だった新渡戸稲造が書いたベストセラー。人生の意味とは何か、何のために働くのか。万人が抱く問いに時を越えて熱く答える。（寺島実郎）

夢野久作
近世快人伝
頭山満から父杉山茂丸まで

頭山満、杉山茂丸、奈良原到といった玄洋社の猛者たちの破天荒な人生を描いた痛快な人物評伝。奇人、怪人、豪傑たちがユーモア溢れる筆致でいきいきと動き出す。（寺田英視）

Ch・ド・ゴール（小野繁訳）
剣の刃

「現代フランスの父」ド・ゴール。厭戦気分、疑似平和主義が蔓延する時代風潮に抗して、政治家や軍人に求められる資質、理想の組織像を果敢に説いた歴史的名著。（福田和也）

文春学藝ライブラリー

（　）内は解説者。品切の節はご容赦下さい。

阿部眞之助
近代政治家評伝
山縣有朋から東條英機まで

明治から昭和まで第一線で活躍した名物新聞記者が、原敬、伊藤博文、大隈重信、犬養毅、大久保利通、東條英機など、戦前の大物政治家十二人の生身の姿を容赦なく描く。（牧原出）

徳岡孝夫
五衰の人
三島由紀夫私記

一九七〇年十一月のあの日、市ヶ谷の死地に赴く直前に「檄」を託された著者だから見透すことのできた三島由紀夫の本質とは？　新潮学芸賞を受賞した、傑出した三島論。（寺田英視）

小林計一郎
真田幸村

『真田十勇士』でも人気のヒーロー真田幸村。しかし、その実像は謎に満ちている。幸村という名前すら確実な史料では確認されない。研究者にも信頼されている唯一の決定的評伝。

水谷三公
イギリス王室とメディア
エドワード大衆王とその時代

「安楽死」を選んだジョージ五世と、「王冠を賭けた恋」を選んだエドワード八世。二十世紀初頭、大衆化したイギリス社会と王室は、どう対峙したのか？　歴史ドキュメントの白眉！

山本七平
小林秀雄の流儀

小林秀雄があれほどの影響力をもったのはなぜか？　過去を語ることで未来を創出したからだ。「書きたいことだけ書いて生活した超一流の生活者」の秘密に迫る。（小川榮太郎）